New Collection 22

중학교 영어로 다시 읽는 세계명작

시튼 동물기

Wild Animals I Have Known

Ernest Thompson Seton 원작
넥서스콘텐츠개발팀 엮음

넥서스

중학교 영어로 다시 읽는 세계명작
New Collection 22
시튼 동물기

원 작 Earnest Thompson Seton
엮은이 넥서스콘텐츠개발팀
펴낸이 **안용백**
펴낸곳 (주)넥서스

초판 1쇄 인쇄 2012년 11월 30일
초판 1쇄 발행 2012년 12월 5일

출판신고 1992년 4월 3일 제311-2002-2호
121-840 서울시 마포구 서교동 394-2
Tel (02)330-5500 Fax (02)330-5555

ISBN 978-89-6000-933-2 14740
ISBN 978-89-6790-010-6 14740 (세트)

저자와 출판사의 허락없이 내용의 일부를
인용하거나 발췌하는 것을 금합니다.

가격은 뒤표지에 있습니다.
잘못 만들어진 책은 구입처에서 바꾸어 드립니다.

www.nexusbook.com

머리말

어릴 적 즐겨 읽었던 『이상한 나라의 앨리스』나 『작은 아씨들』을 이제 영어로 만나 보세요. 지난날 우리들을 설레게 했던 명작들을 영어로 읽어봄으로써, 우리말로는 느끼지 못했던 또 다른 재미와 감동을 느낄 수 있습니다. 또한 친숙한 이야기를 영어로 바꿔 읽는 것은 그 어느 학습 자료보다도 효과적입니다. 자신이 알고 있는 이야기를 떠올리며 앞으로 전개될 내용을 상상하며 읽어 나가면, 낯선 내용을 읽을 때만큼 어렵거나 부담스럽지 않기 때문입니다.

『중학교·고등학교 영어로 다시 읽는 세계명작 시리즈 New Collection』은 기존에 나와 있는 명작 시리즈와는 달리, 소설책을 읽듯 추억과 감동에 빠져들 수 있도록 원서의 느낌을 최대한 살렸습니다. 또한, 영한 대역 스타일을 탈피하여 우리말 번역을 권말에 배치함으로써 독자 여러분이 스스로 이야기를 이해하는 연습을 할 수 있도록 하였습니다. 더불어 원어민 성우들이 정확한 발음과 풍부한 감성으로 녹음한 MP3 파일은 눈과 귀로 벅찬 감동을 동시에 경험하며, 최대의 학습 효과를 얻을 수 있도록 제작되었습니다.

'순수하고 가슴 뭉클한 그 무엇'이 절실한 요즘, 주옥같은 세계명작을 다시금 읽으며 잠시나마 마음의 여유를 갖고 영어소설이 주는 감동에 빠져 보세요.

넥서스콘텐츠개발팀

이 시리즈의 특징

1 읽기 쉬운 영어로 Rewriting
한국인이 가장 좋아하는 세계명작만을 엄선하여, 원문을 최대한 살리면서 중고등학교 수준의 쉬운 영어로 각색하였다. 『중학교 영어로 다시 읽는 세계명작 시리즈 New Collection』은 1,000단어, 『고등학교 영어로 다시 읽는 세계명작 시리즈 New Collection』은 2,000단어 수준으로 각색하고, 어려운 어휘는 별도로 설명하여 사전 없이도 읽을 수 있다.

2 학습 효과를 배가시키는 Summary
각 STORY 및 SCENE이 시작될 때마다 우리말 요약을 제시하여 내용을 추측하면서 읽을 수 있기 때문에, 원서의 부담을 덜면서 더 큰 학습 효과를 얻을 수 있다.

3 학습용 MP3 파일
전문 원어민 성우들의 실감나는 연기가 담긴 MP3 파일을 들으면서, 읽기와 함께 듣기 및 말하기까지 연습할 수 있다.

4 독자를 고려한 최적의 디자인
한 손에 쏙 들어오는 판형, 읽기 편한 서체와 크기 등 독자가 언제 어디서나 오랜 시간 즐겁게 읽을 수 있도록 최상의 편집 체제와 세련된 디자인으로 가독성을 높였다.

추 천 리 딩 가 이 드

step 1 **청해** 들으면서 의미 추측하기

책을 읽기에 앞서 MP3 파일을 들으며 이야기의 내용을 추측해 본다.

step 2 **속독** 빨리 읽으면서 의미 추측하기

STORY 및 SCENE의 영문 제목과 우리말 요약을 읽은 다음, 본문을 읽으면서 혼자 힘으로 뜻을 파악해 본다. 모르는 단어나 문장이 나와도 멈추지 말고 전체적인 흐름을 파악하는 데 주력한다.

step 3 **정독** 정확히 읽으면서 의미 파악하기

어구 풀이와 권말 번역을 참고하면서 정확한 의미를 파악한다.

step 4 **낭독** 소리 내어 읽으면서 소리와 친해지기

단어와 단어가 연결될 때 나타나는 발음 현상과 속도 등에 유의하면서 큰 소리로 또박또박 읽어 본다.

step 5 **섀도잉** 따라 말하면서 회화 연습하기

MP3 파일을 들으며 원어민의 말을 한 박자 늦게 돌림노래 부르듯 따라 말하면서, 속도감과 발음 등 회화에 효과적인 훈련을 한다.

이 시 리 즈 의 구 성

우리말 Summary
이야기를 읽기 전에 내용을 짐작해 봄으로써, 편안한 마음으로 읽을 수 있도록 우리말 요약문을 제시하였다. 이를 힌트 삼아 보다 효과적인 내용 이해가 가능할 것이다.

> ### The Tortoise and the Ducks
>
> 세상을 구경하고 싶어 하던 거북은
> 어느 날 오리들의 도움으로 하늘을 날게 된다.

영문
부담스러워 보이지 않고 편안하게 술술 읽히도록 서체와 크기, 간격 등을 최적의 체제로 편집하였다.

> The Tortoise's* shell* is his house. He has to carry it on his back* all the time, so he can never leave home. This was a punishment* from Zeus for being lazy,* because he refused* to go to Zeus's wedding.
>
> The Tortoise became very sad when

어구 풀이
이야기를 이해하는 데 도움이 되도록 어려운 어구를 순서대로 정리하였다. 이야기에 사용되는 의미를 우선순위로 하였으나, 2차적 의미가 중요하거나 불규칙 활용을 하는 경우도 함께 다뤄주어, 보다 풍부한 어구 학습이 되도록 배려하였다.

> he saw other animals move about* freely and swiftly.* He wanted to see the world like they did, but the house on his back and his short legs made it impossible.
>
> One day the Tortoise told two ducks his sad story.
>
> "We can help you to see the world," said the Ducks. "Bite* down hard on this stick with your mouth, and we will fly you high up in the sky so that you can see the world. No matter what* happens,* do not speak. Or you'll regret* it very badly.*"
>
> The Tortoise was very pleased.* He bit down on the stick as hard as he could, and the Ducks took hold of*
>
> tortoise 거북 shell 껍질, 껍데기 back 등 punishment 벌, 처벌 lazy 게으른 refuse 거절하다, 거부하다 move about 돌아다니다 swiftly 신속히 bite 이빨로 물다 no matter what 무엇이 ~ 일지라도 happen 일어나다 regret 후회하다 badly 몹시, 심하게 pleased 기쁜 take hold of ~을 쥐다, 잡다, 붙잡다

우리말 번역

문장 구성과 어구의 쓰임을 효율적으로 학습할 수 있도록 직역을 기본으로 하여 번역하였다. 가능하면 번역에 의존하지 말고 영문과 어구만으로 이야기를 이해하도록 하며, 번역은 참고만 하도록 한다.

페이지 표시

영문을 읽다가 해결되지 않는 부분이 있을 때 그에 대응하는 번역 부분을 손쉽게 찾을 수 있도록 해당 영문 페이지의 번호를 표시해 놓았다.

MP3 파일
www.nexusbook.com에서 다운로드

전문 원어민 성우들의 생생한 연기를 귀로 들으며, 바로 옆에서 누군가가 동화책을 읽어주는 것처럼 더욱 흥미롭고 효과적으로 학습할 수 있다.

저자 소개

어니스트 톰슨 시튼(Ernest Thompson Seton, 1860~1946)은 영국 사우스실드에서 태어났지만 1866년에 캐나다로 이주했으며, 캐나다의 삼림 지대에서 유년 시절을 보냈다. 이때 많은 동물들을 관찰한 것이 그의 일생을 결정짓는 계기가 되었다.

시튼은 박물학자가 되기로 결심하고 영국으로 유학하여 박물학과 미술을 공부했다. 1881년 유학을 마치고 캐나다로 돌아온 시튼은 계속해서 동물들을 관찰하며 자료를 수집했다.

시튼은 미국 전 지역을 다니면서 동물을 관찰하고 많은 동물 이야기를 썼다. 그의 작품들은 동물들을 소재로 한 독특한 장르를 개척했다는 점과 객관적인 관찰과 정확한 지식을 기초로 한 사실적인 기록물로서의 가치를 인정받았다.

시튼은 영국 유학 시절 미술 공부로 익힌 그림 실력을 활용하여 자신의 글에 직접 그린 삽화를 곁들여 더욱 화제를 모았다. 그는 말년에 미국 보이스카우트 협회를 창설하고 사회교육에도 힘을 쏟았다.

시튼은 저자, 동물학자, 박물학자, 풍경화가로 성공한 일생을 살았으며, 1946년 미국의 뉴멕시코 주에서 사망했다. 시튼이 남긴 작품으로는 「시튼 동물기(1898)」, 「회색곰의 일대기(1900)」, 「동물의 영웅들(1906)」 등과 자서전인 「예술가·박물학자의 발자취(1940)」가 있다.

작품 소개

이 책 속에 등장하는 동물들은 모두 시튼이 실제로 보고 들으며 경험한 동물들을 대상으로 한 것이다. 애석하게도, 시튼의 작품 속에 등장하는 동물들은 거의 대부분 비극적인 최후를 맞는데, 그 비극적인 결말의 원인이 대체로 인간의 무지와 탐욕에서 비롯된다는 점에 주목할 필요가 있다.

늑대의 왕 로보는 인간과 생존 싸움을 벌이다 희생되었으며, 스프링필드의 여우는 인간에게 가족을 몰살당하는 비극을 견뎌 내야 했으며, 야생의 개 울리는 인간에게 버림받고 세상에 대한 증오심을 키웠으며, 목도리들꿩 레드러프 역시 인간의 탐욕 때문에 덫에 걸려 비참한 죽음을 맞는다.

시튼의 동물 이야기가 위대한 또 하나의 이유는 동물들의 삶을 그려 내는 데 그치지 않고 저자가 동물들에게 감정을 이입하여 사람처럼 섬세하고 세련된 희로애락의 정서를 실감나게 전달한다는 데 있다.

시튼이 동물들의 일대기와 그들의 비극적인 죽음을 통해 전달하고자 했던 진정한 메시지는 동물들의 삶의 이야기보다는 자연의 질서를 파괴하고 법칙을 거스르는 인간의 탐욕과 잔인함에 대한 고발이었는지도 모른다.

"동물도 인간과 똑같이 감정이 있다. 동물들도 인간들처럼 자연 속에서 자유롭게 살아갈 권리가 있다."라는 시튼의 말은 그가 얼마나 동물들을 사랑하고 한 시대 앞선 생명 윤리관을 가진 인물이었는지를 잘 보여 준다.

Contents

Story 01	Lobo, the King of Currumpaw 로보, 커럼포의 왕	14
Story 02	Silverspot, the Story of a Crow 은빛 얼룩이, 까마귀 이야기	35
Story 03	Raggylug, the Story of a Cottontail Rabbit 래길럭, 숨꼬리토끼 이야기	49
Story 04	Bingo, the Story of My Dog 빙고, 나의 개 이야기	81
Story 05	The Springfield Fox 스프링필드 여우	102
Story 06	The Pacing Mustang 달리는 야생마	125
Story 07	Wully, the Story of a Yaller Dog 울리, 누렁이 이야기	150
Story 08	Redruff, the Story of the Don Valley Partridge 레드러프, 돈 벨리의 목도리들꿩 이야기	165

Wild Animals
I Have Known

Story 01

Lobo, the King of Currumpaw

로보는 무리를 이끌며 뛰어난 지혜로 인간을 농락하고,
농장을 습격하여 소와 양을 비롯한 가축들을 해치기 일쑤이다.
이에 로보를 잡은 자에게 많은 포상금이 걸린다.

I

Currumpaw is a large cattle* range* in northern New Mexico. It is a rich land with many fields and clean rivers. And the powerful king of this land was an old gray wolf.

The Mexicans called the King Old

Lobo. He was the gigantic* leader of a pack* of gray wolves. All the shepherds* and farmers knew him well. Wherever he appeared* with the other wolves, the cattle hid because they were terrified.*

Old Lobo was a giant,* cunning,* and strong. His voice was louder and more powerful than the other wolves'. If an ordinary* wolf had howled,* the shepherds wouldn't have cared. But when Lobo howled, they became afraid that many of their animals would soon be dead.

Old Lobo's band* was small. Maybe he scared many wolves away.* Lobo had only five followers.* Each of these, however, was also a giant and special.

The second in command* was very large, but even he was smaller and weaker

---

cattle 소 range 방목장 gigantic 거대한, 거구의 pack 무리 shepherd 양치기 appear 나타나다 terrified 두려워하는 giant 거대한 cunning 교활한 ordinary 보통의 howl 울부짖다 band 무리 scare away 겁주어 쫓아내다 follower 추종자 the second in command 제2인자, 부두목

than Lobo. One of the other wolves was a beautiful white female* wolf that the Mexicans called Blanca. Another was a yellow wolf who ran very fast and could catch antelopes.*

All the cowboys and shepherds knew the wolves and wanted to destroy* them. But no matter what they did, they could not kill Lobo and his pack. They hid from all the hunters, would not eat poison,* and continued, for five years, to eat the cowboys' cattle. The pack had killed 2,000 cattle and they always killed the best cows.

These wolves were not sick and starving.* They had beautiful shining* fur* and only ate the best food. They would not eat any animal that had died from naturally* or that was diseased.* They never killed old cows, and they rarely* killed horses. Even though they often killed sheep, they would not often eat them. One night in November, 1893, Blanca and the yellow wolf killed two hundred and fifty sheep, but they did not eat any of them.

Every year, people tried to kill the wolves in many different ways, but they never succeeded. The cowboys offered to pay anyone who could kill the wolves a large amount of money. The only thing that Lobo feared was firearms.* So, he never attacked* humans. They hid whenever they saw them. Lobo had such a good sense of smell that he could smell poison and if a human had touched their food.

On one occasion,* one of the cowboys heard Old Lobo howl. He approached* the wolves secretly* and saw that they were

---

female 여성의, 암컷의　antelope 영양　destroy 죽이다　poison 독약
starving 굶주린　shining 반짝이는　fur 털, 모피　naturally 자연적으로
diseased 질병에 걸린　rarely 좀처럼 ~ 않는　firearm 화기, 총　attack
공격하다　occasion 때, 경우　approach 다가가다　secretly 몰래

about to* eat a group of cows. Lobo was watching Blanca, with the rest, waiting to eat a young cow.

The cows were standing close together in a circle with their heads and horns* facing the wolves. One cow was out of the group and looked very frightened.* She was injured* but still mostly healthy. Finally Lobo became impatient.* He roared* and ran at the group of cows.

The terrified cows ran in all different directions.* The injured cow ran, but Lobo chased* her. He grabbed* her by the neck and threw her on the ground. The cow was on her back and suddenly all the wolves ran to her and killed her. Lobo watched the other wolves. Why couldn't they kill the cow like he did?

The man rode up to them and shouted. The wolves ran away. He put poison on the cow. He expected that they would return later to eat the cow. They would eat the poison parts and die.

The next morning, he returned to the dead cow. The wolves had eaten all of it except* the poisoned parts.

Every year, the cowboys became more afraid of this wolf. Finally, they offered 1,000 dollars to kill the wolf, which was much more than anyone has ever offered to kill a wolf. A Texan cowboy named Tannerey came one day to Currumpaw to kill the wolf. He had the best of guns and horses and a pack of huge wolfhounds.* In the past, he and his dogs had killed many wolves. He never doubted* that soon he would kill Lobo.

In the gray dawn* of a summer morning, they bravely began their hunt.

---

be about to ~하려고 하다 **horn** 뿔 **frightened** 깜짝 놀란 **injured** 상처 입은 **impatient** 짜증 난, 안달하는 **roar** 으르렁거리다 **in all different directions** 사방으로 **chase** 뒤쫓다 **grab** 움켜잡다 **except** ~을 제외하고 **wolfhound** 울프하운드(사냥개의 일종) **doubt** 의심하다 **dawn** 새벽

Soon the dogs smelled the wolf. Finally the cowboy and his dogs saw the wolves and began to chase them. The wolfhounds had to hold the wolves until the hunter could ride up and shoot them. This usually was easy on the open plains of Texas, where the cowboy was from.

However in Currumpaw, the many rocks and rivers made it easy for the wolves to escape* and hide. The old wolf and his pack crossed the river and lost the cowboy behind them. The wolves scattered* and ran in many directions, so the dogs also had to scatter to follow them. When the wolves came together again, not all of the dogs were there. Because there were more wolves than dogs, they could kill or injure the dogs.

That night when Tannerey found his dogs, only six of them returned. Two were seriously injured. This cowboy tried two more times to kill the wolves. He failed both times and his horse was killed. After that, he returned to Texas.

The next year, two other hunters appeared and were determined to* kill Lobo. They thought they could kill Lobo with a special poison that they mixed with magic* charms.* They thought the wolves were actually* werewolves,* so they needed magic to kill them. But the wolves didn't eat these poisons. Finally, the two hunters gave up and went back to their home in Canada.

In the spring of 1893, Joe Calone also tried and failed to kill the wolf. Calone's farm was next to a river and in a canyon.* Very near to that farm, Old Lobo and his mate* made their nest and had cubs.*

---

escape 달아나다 scatter 흩어지다 be determined to ~하기로 결심하다
magic 마법 charm 마력, 주문 actually 사실, 실제로 werewolf 늑대인간
canyon 협곡 mate 짝 짓기 상대, 배우자 cub (야생 동물의) 새끼

There they lived all summer and killed Joe's cattle, sheep, and dogs. Joe tried to think of some way to kill them. But nothing worked.

II

In the fall of 1893, I finally met this wolf. Some years before, I had been a wolf hunter, but lately I had been doing office work. I was much in need of* a change. Then a friend, who owned a ranch in Currumpaw, asked me to come to New Mexico. I was eager to* meet this king of wolves.

It became quite clear to me that, in this rough* country, it was useless* to chase Lobo with hounds and horses. I must use poison or traps.* At present we had no traps large enough, so I made some poison.

I tried every kind of poison. I put the

poison on every kind of animal and meat. Still, our efforts* were useless. The old king was too cunning for me. One time, I melted* some cheese together with some cow meat and cut it with a bone* knife so it would not smell like metal.*

When the mixture* was cool, I cut it into pieces. In each piece, I put poison that was in capsules* that blocked* the poison's smell. The whole time, I wore a pair of gloves covered in the hot blood of the cow, and I did not even breathe* on the food. When all was ready, I put them in cow skin bag covered with blood. I rode around and dropped the pieces at different places. I never touched them.

This was Monday. That same evening, as I was about to sleep, I heard his deep

---

be in need of ~을 필요로 하다 be eager to 간절히 ~하고 싶어 하다
rough 거친 useless 소용없는 trap 덫, 올가미 effort 노력 melt 녹다, 녹이다 bone 뼈 metal 금속 mixture 혼합물 capsule 캡슐 block 막다 breathe 숨 쉬다

howl.

The next morning I went to look at the result.* I saw Lobo's paw* prints. An ordinary wolf's forefoot* is 4 1/2 inches long, and a large wolf's is 4 3/4 inches long, but Lobo's was 5 1/2 inches long from claw* to heel.* He was three feet tall and 150 pounds. Therefore, his paw prints were never difficult to follow. The prints showed that Lobo had picked up my poisoned bait.*

"I've got him at last," I exclaimed.

The second bait was also was gone. However, I saw nothing that looked like a dead wolf. Again I followed. The third bait was gone, and the king-wolf's prints led on to the fourth. There I learned that he did not eat the bait. He just carried it in his mouth. He piled* them all together and left his dung* on them to show how he felt about me.

This convinced* me that poison would not work on the wolves. I still used it to kill other wolves, though.

The wolves like to chase and kill sheep, but they rarely eat them. The sheep are usually kept in flocks of from one thousand to three thousand under one or more shepherds. At night they are gathered together in a shelter,* and a herdsman* sleeps on each side of the flock.*

Sheep are very nervous* creatures* and they always follow the leader. So, shepherds always put some goats with the sheep. Goats are smarter than sheep, so if the sheep become scared at night, they usually crowd* around the goats.

One night late in last November, two

---

result 결과 paw 발 forefoot 앞발 claw 발톱 heel 뒤꿈치 bait 미끼 pile 쌓다 dung 똥, 배설물 convince 확신시키다 shelter 주거지 herdsman 목동 flock 떼, 무리 nervous 신경이 예민한 creature 생물, 동물 crowd 몰려들다

shepherds woke up when they heard wolves. The sheep hid around the goats. The goats were brave and strong and ready to fight. Old Lobo knew that the goats were the leaders. So, he ran over the backs of the sheep and killed the goats. The sheep scattered in many directions. For weeks people reported finding dead sheep everywhere.

Finally, the wolf traps arrived with two men. I worked a whole week to get them ready. The second day after the traps arrived, I rode around to check if they had worked. I saw Lobo's footprints at every trap. Even in the dark night, Lobo had found the traps. He had carefully dug* them all out of the ground so the other wolves could see them.

I decided to arrange* the traps in an H shape. Somehow, Lobo still found the traps. He carefully did not step on* any of them. He kicked the stones into the trap and sprung* all of them. He did this many times. His wisdom* protected* him.

III

Once or twice, I found signs that everything was not right in the Currumpaw pack. Sometimes I saw that a smaller wolf ran ahead of* the leader. I asked the other cowboys what they thought.

"I saw them today," one said. "The wild one that runs ahead is Blanca."

"Now I know that Blanca is a she-wolf, because Lobo would kill a he-wolf if he acted* like that."

I had a new plan. I killed a cow, and set two rather* obvious* traps around the dead body. Then I cut off the head, which

---

dig 파다 arrange 마련하다, 준비하다 step on ~을 밟다 spring 획 움직이다, 튀어나오다 wisdom 지혜 protect 보호하다 ahead of ~ 앞에 act 행동하다 rather 꽤, 상당히 obvious 명백한, 확실한

wolves do not eat, I set it a little apart* and hid six traps around it. I kept my hands covered in blood, and afterward,* I left some blood on the ground. I left the skin of a coyote and made paw prints with that animal's foot.

Wolves have a habit of* smelling every dead animal, even if they are not going to eat it. I hoped that the Currumpaw wolves would do the same. I did not doubt that Lobo would find my traps around the meat, but I thought they would not notice* the traps at the head.

The next morning, I inspected* the traps. There were the paw prints of the pack. The place where the head had been was empty.* It was clear that a small wolf had gone to smell the head and was caught by one of the traps.

We soon discovered* that this unlucky wolf was Blanca. The trap and the cow head were stuck* to her. Even though the head weighed* more than fifty pounds, she ran faster than my friend. But when we got to the rocks, she could not jump through them with the head attached to* her. She was the most beautiful wolf I had ever seen, with a shining white fur coat.

She turned to fight and she howled. From far away, Lobo responded* with a deep howl. That was her last call. We surrounded her. We threw the rope over her neck. The horses pulled in different directions. Blood poured from* her mouth, and her eyes stopped shining. She was dead. Then we rode home, feeling happy.

As we went home, Lobo cried sadly, searching for* Blanca. He had wanted to

---

apart 떨어져, 따로 afterward 후에 have a habit of -ing ~하는 습관이 있다 notice 알아채다 inspect 검사하다 empty 비어 있는 discover 발견하다 stuck 옴짝달싹 못하는 weigh 무게가 ~이다 attach to ~에 붙이다 respond 응답하다 pour from ~에서 쏟아져 나오다 search for ~을 찾다

help her, but he knew he could not save* her from us and our guns. All that day we heard him crying. As evening fell, he seemed to be coming toward us.

"Blanca! Blanca!" he seemed to call, full of sorrow.* When he came to the place we killed her, his howl was sad enough to break my heart.*

"I have never heard a wolf cry like that," said one of the cowboys.

He followed the smell of horses to our house. He killed one of my dogs. He came alone this time. I set a few traps for him. He was caught in one, but he used his strength* to escape. I believed that he would stay around here until he found her body.

I gathered* one hundred and thirty strong steel wolf-traps and set them in every road that led into our house. I put Blanca's blood on the traps and used her paws to make prints around the traps.

Once during the night I thought I heard Old Lobo, but I was not sure of it.

"The cows in the north made a lot of noise last night. Maybe he is there," said one of the cowboys the next day.

There I rode. I found great and powerful Lobo stuck in one of the steel traps. Poor old hero! He had never stopped searching for his mate. There he lay, caught by all four traps, perfectly* helpless.* The cows crowded around him to mock* him, because they were not afraid of him. For two days and two nights he had been there struggling.*

However, when I went near him, he got on his feet and howled, calling to his pack. With all his strength* he tried to bite* me. But he was powerless.* Each trap weighed

---

save 구하다 sorrow 슬픔 break one's heart 가슴이 아프다 strength 힘 gather 모으다 perfectly 완전히 helpless 속수무책인 mock 조롱하다 struggle 발버둥치다 with all one's strength 온 힘을 다해 bite 물다 powerless 힘없는, 무력한

300 pounds. With his strong teeth, he bit my gun and left deep scratches.* His eyes glared* green with hate and anger. But he was exhausted from* hunger and losing blood, so he fell on the ground.

"Grand* old hero and thief, in a few minutes you will be dead. It must be." Then I threw my rope over his head. He bit it with his strong teeth and tore it to pieces.* I did not want to use my gun because I did not want to ruin* his fur. I went home and got another rope. We finally got the rope around his neck and tightened* it.

"Stop! We will not kill him. Let's take him alive to the camp," I cried before the light had died from his fierce* eyes. He was so completely* powerless that we could easily tie up* his mouth. He did not try to fight us anymore. Instead* he calmly* looked at us.

We tied his feet tightly,* but he never groaned,* nor growled,* nor turned his head. Then, together, we were able to put him on my horse. His breath sounded as though he was sleeping, and his eyes were bright and clear again. He did not look at us. He stared at his old kingdom,* dreaming of the other wolves in his pack.

By traveling slowly, we reached the ranch in safety. We kept him in chains and put him in the field. Then for the first time, I could look at him closely.* The legends* said that he had gold on his neck or evil* symbols on his body. He had none of these things. But I did find a great scar* that was given to him by the bite of Juno, the leader of Tannerey's wolfhounds. She had given

---

scratch 긁힌 자국 glare 노려보다 be exhausted form ~으로 지치다
grand 당당한, 위엄 있는 tear ~ to pieces ~을 산산조각으로 찢다 ruin
망치다 tighten 조이다 fierce 사나운 completely 완전히 tie up 단단히
묶다 instead 대신에 calmly 침착하게 tightly 꽉 groan 신음 소리를
내다 growl 으르렁거리다 kingdom 왕국 closely 자세하게 legend 전설
evil 사악한, 못된 scar 흉터

him the scar before he killed her.

I gave him meat and water, but he did not eat. He lay calmly and stared at the fields and canyons with his yellow eyes. He did not move when I touched him. When the sun went down, he was still staring. I expected he would call up his pack when night came. He called only once. They didn't answer. He never called again.

A lion who loses his strength, an eagle who loses his freedom,* or a dove who loses his mate, all die of a broken heart.* How could he keep living? When the morning came, he was lying there still. His body wasn't injured, but his spirit* was gone. The old king-wolf was dead.

I took the chain from his neck, and a cowboy helped me to carry him to Blanca's body. We laid them next to each other.

"There, now you are together again," I said.

Silverspot, the Story of a Crow

은빛 얼룩이 영감은 연륜과 지혜로 까마귀 무리를 훌륭하게 이끌며
부하들을 보호하고 어린 까마귀들을 교육시킨다.
올빼미들은 밤에 까마귀들을 위협하지만
아침이 되면 올빼미들은 까마귀들에게 쫓기거나 살해된다.

I

How many of us have ever got to know a wild animal? I do not mean meeting with one once or twice, or having one in a cage.* I mean really knowing its life and history. One fox or crow looks so much

---

freedom 자유 **broken heart** 상심, 비탄 **spirit** 영혼 **cage** 우리

like another that we cannot be sure that it really is the same next time we meet. But once in a while* there is an animal who is stronger or wiser than the others. He soon becomes famous in his country.

There was Courtant, the bob-tailed* wolf that terrorized* the whole city of Paris for about ten years. Clubfoot, the lame* grizzly bear,* lived in the San Joaquin Valley of California. There was the panther Seonee that in less than two years killed nearly three hundred human beings. Finally, there was Silverspot. I will tell you his story.

Silverspot was simply* a wise old crow. He had a silver spot on the right side of his face, so I could tell him from the other crows. Crows are, as you must know, our most intelligent* birds. Crows are like soldiers,* always on duty* and always at war. Their leaders not only are the oldest and wisest of the band, but also the strongest and bravest.

Old Silverspot was the leader of a large band of crows that lived a pine forest* in Castle Frank which is near Toronto, Canada. This flock had two hundred birds. In mild* winters, they stayed along the Niagara River. In cold winters, they went much farther south. But each year, in the last week of February, Old Silverspot would take his flock over the waters between the river and Toronto.

Each year he came with his flock, and for about six weeks, they lived on the hill. Each morning, the crows set out* in three groups to find food. Silverspot led* one group himself. On calm mornings, they flew high and straight. But when it

---

once in a while 때로는, 가끔은   bob-tailed 꼬리가 짧게 잘린   terrorize 공포에 떨게 하다   lame 절름발이의   grizzly bear 회색곰   simply 정말로   intelligent 총명한, 지능이 높은   soldier 군인   on duty 근무 중인   pine forest 소나무 숲   mild (날씨가) 포근한   set out 출발하다   lead 이끌다

was windy, they flew low. I could see the birds from my window, and in 1885, I first noticed this old crow.

"There is an old crow has been flying up and down this forest for more than twenty years," my neighbor had told me. Twice each day in March and part of April, then again in the late summer and the fall, he passed. Little by little, I realized* that the crows are very intelligent. They have a language and a social system that is like humans' and sometimes better.

One windy day, I stood on the high bridge. The old crow, leading his flock, came flying past me.

"Everything is okay today! Let's go!" the crows seemed to call to each other. They were flying very low because of the wind. Silverspot saw me standing there, and as I was closely watching him, he didn't like it.

"Be careful," he called to the other birds

and rose much higher in the air. Then seeing that I had no guns, they flew lower again. The next day, I was at the same place. As the crows came near, I raised* my walking stick* and pointed it at* them.

"Danger," he called to the other birds and rose fifty feet higher than before. Seeing that it was not a gun, he flew lower again. But on the third day, I took a gun with me.

"Great danger! A gun!" he called. Every crow in the group began to scatter until they were a safe distance from the gun.

Another time, a red-tailed hawk* landed* on a tree near them.

"Hawk, hawk," cried the leader and they all flew close together. Then they saw a man with a gun.

"Great danger! A gun!" the leader cried.

---

realize 깨닫다 raise 올리다 walking stick 지팡이 point A at B A를 B에 겨누다 hawk 매 land 착지하다

Immediately,* they all scattered. After a while, I began to learn the meaning of the different sounds they made. One sound means hawk, or any large, dangerous bird, but a small change means change direction.* A very different kind of sound means retreat* and a small change makes it a greeting.* This sometimes means 'attention.*

Early in April, the crows seemed excited. They spent half the day in the pine trees instead of* looking for food. They chased each other. Some began to show off.* They flew way* up high, then dropped very fast down to the ground, and then suddenly flew up again. Sometimes one sang to another.

What did it all mean? I soon learned. They were making love and finding a mate. The males* were showing off their wing powers and their voices to the lady crows. By the middle of April, they all found a mate. They flew off together.

II

The Sugar Loaf hill is covered with pine trees. There is a pine tree there with an empty hawks' nest on top. Every Toronto schoolboy knows the nest, but nothing lives there. Strangely, even though it was old, it did not break.

One morning in May, I was walking in the woods. I passed under the old nest, and was surprised to see a black tail. I hit the tree hard, and a crow flew away. I realized that Silverspot and his wife lived there. The old nest was theirs. They nested* here and hid from boys that shot other crows.

One day while watching the woods with my telescope,* I saw a crow with

---

immediately 곧, 즉시　direction 방향　retreat 후퇴　greeting 인사
attention 주의　instead of ~ 대신에　show off 자랑하다　way 훨씬
male 남자, 수컷　nest 둥지를 틀다　telescope 망원경

something white in his beak.* He dropped it next to an elm tree.* It was my old friend Silverspot. After a minute, he picked up the white thing, or a shell, and walked next to some cabbage.* He dug up* a pile of shells and other white, shiny things. He spread* them out in the sun and watched them shine. This was his hobby and his weakness.*

After half an hour, he covered them all with dirt* and leaves, and flew off. I went at once to the spot* and looked at the white things he had collected.* That was the last time I saw them. Silverspot knew that I had found his treasures,* and he took them somewhere else.

He had many little adventures* and escapes.* He was once attacked by a sparrowhawk,* and he was often chased by kingbirds.* They did not hurt him much, but they annoyed* him. He had done some bad things, too. He went to the small birds' nests each morning to eat the newly-laid eggs. But it is natural for him, like it is natural for us to eat chicken eggs.

One day I saw him flying with a large piece of bread in his beak. Along the stream* below him, sewer pipes* were at this time being built. One part had already been finished. He dropped the bread in the stream. He landed on top of the tunnel over the stream and watched the bread go in one side. He waited for it on the other side and picked it up again.

Silverspot was truly a successful* crow. He lived in a region* that, though it was full of dangers, had much food. In the old nest, he raised* chicks* with his wife every

---

beak (새의) 부리   elm tree 느릅나무   cabbage 양배추   dig up 파헤치다
spread 펴다, 펼치다   weakness 약점   dirt 흙   spot 특정한 곳, 장소
collect 모으다   treasure 보물   adventure 모험   escape 탈출, 도망
sparrowhawk 새매   kingbird 딱새   annoy 괴롭히다   stream 개울
sewer pipe 하수도관   successful 성공한   region 지역   raise 키우다, 기르다   chick 새끼 새

year. I never knew which crow was his wife. He was the king of all the crows.

The crows gathered together again at end of June. The young crows with their soft wings and high voices are brought by their parents and introduced to society. Here they find safety in numbers,* and here they begin their schooling. They are taught all the secrets of success in crow life.

In the first week or two after their arrival,* they meet all the other crows. Meanwhile,* their parents have time to rest a little. In a week or two, the crows start to lose their old feathers.* At this time, the old crows are usually nervous and annoyed,* but they still teach the young crows. But it is all for their good* and Old Silverspot is an excellent* teacher.

Sometimes he seems to make a speech* to them. What he says I cannot guess,* but it must be very good. Each morning the crows gather together for a meeting. During the rest of the day they look for food with their parents.

When September comes, the young crows finally grow up.* Their eyes change color from delicate* blue to wise brown. They know how to hide from guns and traps and how to look for worms* and green corn.* They know that a fat old farmer's wife is much less dangerous than her small fifteen-year-old son. They know that an umbrella is not a gun, and they can count* up to six, though Silverspot can go up nearly to thirty.

They know the smell of gunpowder.* They know how to annoy a fox into giving up half his dinner, and also that when the

---

in numbers 수로 arrival 도착 meanwhile 그동안, 그 사이 feather 깃털 annoyed 짜증이 난 for one's good ~을 위한 excellent 뛰어난 make a speech 연설하다 guess 추측하다 grow up 성장하다, 철이 들다 delicate 연약한, 여린 worm 벌레 green corn 풋옥수수 count 수를 세다 gunpowder 화약

kingbird or the purple martin* attacks them, they should hide. But they don't know how to hunt for eggs yet. They neither have tasted clams* or horse eyes nor have learned how to travel.

In September, the old crows have new feathers again and are proud of their handsome coats. Their health is again good, and their mood is better. Even Old Silverspot, the strict* teacher, becomes quite jolly.* The youngsters* really begin to love him.

"Company I!" the leader crow cries, and Company* I would answer.

"Fly!" and they would all fly straight forward.

"Up!" and straight upward they would fly.

"Gather!" and they all would fly tightly together.

"Scatter!" and they would spread out like leaves in the wind.

"Form*line!" and they would make a line.

"Descend*!" and they all would drop nearly to the ground.

"Eat!" and they all would land on the ground to find food.

"A man with a gun!" If Silverspot cried out, they all would fly up to the trees.

Finally, each November, Silverspot leads them south.

III

There is only one bird that terrifies* the crow, and that is the owl. If they hear an owl at night, they are scared till morning. In very cold weather, sometimes their eyes and faces freeze* at night. But in the morning, their courage* comes again, and they find the owl. They kill him or chase him away.

---

martin 흰털발제비   **clam** 대합조개   **strict** 엄격한   **jolly** 쾌활한, 명랑한
youngster 청소년, 아이   **company** 중대   **form** 형성하다   **descend** 내려가다, 하강하다   **terrify** 무섭게 하다   **fteeze** 얼다   **courage** 용기

In 1893 the crows came as usual.* I was walking in these woods, and I found the prints* of a rabbit in the snow. There were no prints of the animal that chased it. I followed the trail* and presently* found a half eaten dead rabbit. I found the feather of a horned owl.* I looked up to the trees and saw him watching.

Two days later, at dawn, the crows were noisy. I went out early to see and found some black feathers in the snow. I saw a dead crow and the prints of an owl's foot in the snow. The poor crow had been dragged from his nest at night. I found the head and realized that it was Old Silverspot.

The old nest on the Sugar Loaf is empty now. The crows still come in springtime, but without their famous leader, fewer and fewer crows come every year.

Story 03

Raggylug, the Story of a Cottontail Rabbit

래글럭은 올리펀트의 늪지에 사는 숨꼬리토끼이다.
래글럭은 태어난 지 얼마 안 되어 뱀에게 잡아먹힐 뻔한 기억 때문에
좀 더 신중해지고 어미에게서 야생에서 살아남는 법을 배우는 데도 열심이다.

Raggylug was the name of a young cottontail rabbit.* He had this name because his ear was torn* when he was young. He lived with his mother in Olifant's swamp.* Truly rabbits have no

---

as usual 평소처럼 **print** 자국 **trail** 흔적 **presently** 곧 **horned owl** 수리부엉이 **cottontail rabbit** 숨꼬리토끼 **torn** 찢어진 **swamp** 습지, 늪

speech as we understand it, but they can communicate* with sounds, signs, scents,* whisker-touches,* and movements.* In this story, I translate* from rabbit into English. I repeat* there's nothing that they did not say.

I

It was the smelly* swamp, grass-covered the comfy* nest where Raggylug's mother had hidden him. She always told him to hide and say nothing, no matter what happens. Though in bed, he was wide awake, and his bright eyes were watching the forest.

A bluejay* and a red squirrel* were yelling at* each other, and a yellow warbler* caught a blue butterfly. A red and black ladybug* peacefully took a long walk up one grass-blade,* down another, and across the nest and over Raggylug's face.

After a while, he heard a noise. It was a strange sound, and he could not hear the sound of feet with it. Raggylug had lived his whole life in the Swamp, (he was three weeks old) and yet had never heard anything like this. He was very curious.

The low sound seemed to come closer and then go away again. Raggylug felt it was his duty to learn what it was. He slowly raised his body on his short fluffy* legs, lifted* his little round head, and looked out into the woods. The sound stopped as soon as he moved. He saw nothing, so he took one step forward to a clear view. He was face to face* with an enormous* black snake.

"Mommy," he screamed* in terror as

---

communicate 의사소통하다 scent 냄새 whisker-touch 수염 만지기 movement 동작, 움직임 translate 해석하다 repeat 거듭 말하다 smelly 냄새 나는 comfy 편안한, 안락한 bluejay 큰어치 red squirrel 붉은날다람쥐 yell at ~에게 소리치다 yellow warbler 아메리카솔새 ladybug 무당벌레 grass-blade 풀잎 fluffy 솜털이 보송보송한 lift 들어 올리다 face to face 얼굴을 맞대고 enormous 거대한 scream 소리치다

the monster* tried to bite him. With all the strength of his tiny legs, he tried to run. But quickly, the snake had him by one ear.

"Mommy," cried poor little Raggylug as the cruel* monster began slowly choking* him to death. Mommy came running through the woods. Her mother's love made her strong and powerful. The cry of her baby had filled her with the courage of a hero. Whack!* She hit him with her claws on her back legs. He shook with pain* and hissed* with anger.

"Mommy," the little one said weakly. And Mommy jumped on the snake again until he let go of the little rabbit's ear. The mother rabbit kept kicking him and left long bloody* scratches* on him. Things were now looking bad for the snake. The baby rabbit was able to get free from* him. He was uninjured* except for the tear on his ear.

Molly, the mother rabbit, now stopped fighting. Away she went into the woods, and the little one followed her snow-white* tail until she led him to a safe part of the Swamp.

II

Old Olifant's swamp was a rough woods with a pond and a stream through the middle. Many dead logs* and stumps* were in the forest. The land around the pond had a lot of willow trees.* The drier parts were covered with briars* and young trees. On the edges of the forest, pine trees grew. Their smell covered the smell of the rotting leaves on the ground.

Around the forest were some fields. The only animal that crossed those fields was

---

monster 괴물 cruel 잔인한 choke 질식시키다 whack 철썩 후려치는 소리 pain 고통 hiss (뱀이) 쉬익 소리를 내다 bloody 피투성이의 scratch 긁힌 자국 get free from ~에서 자유로워지다 uninjured 다치지 않은 snow-white 눈처럼 흰 log 통나무 stump (나무의) 그루터기 willow tree 버드나무 briar 들장미

a sneaky* fox. Molly and Raggylug were the main animals that lived there. Their nearest neighbors were far away, and their nearest family was dead. This was their home, and here they lived together.

Molly was a good little mother, and she raised him carefully. The first thing he learned was to hide and say nothing. His adventure with the snake taught him the wisdom* of this. Raggylug never forgot that lesson.* The second lesson he learned was to freeze. Raggylug was taught it as soon as he could run.

'Freezing' is simply doing nothing, turning into a statue.* As soon as a smart rabbit sees an enemy, he stops all movement. Many animals can't see rabbits if they aren't moving. Only those who live in the woods know the importance* of this. Every wild animal and every hunter must learn it. Everyone learns to do it well, but not one of them is better than Molly Cottontail at it.

Raggylug's mother taught him how to freeze. When his mother ran through the woods, the little rabbit followed. When she froze, he froze too. But the best lesson of all that Raggylug learned from his mother was the secret of the brierbrush. It is a very old secret now.

Long ago the roses used to grow on bushes that had no thorns.* But squirrels and mice used to climb after them. The cattle used to hit them with their horns.* The possum* would shake them with their tails, and the deer, with his sharp hooves,* would break them down.*

So the brierbrush grew spikes* to protect its roses. It made war on* all

---

sneaky 교활한, 엉큼한 wisdom 지혜 lesson 교훈 statue 조각상
importance 중요성 thorn 가시 horn 뿔 possum 주머니쥐 hoof 발굽
break down 부수다 spike 뾰족한 것 make war on ~에 전쟁을 선포하다

creatures that climbed trees, or had horns, or hooves, or long tails. But the brierbrush was at peace with rabbits, who could not climb, and they had no horns, hooves, and long tails.

In truth, rabbits had never harmed* a brierbrush. The rose and the rabbit had a special friendship. When rabbits meet danger, they run to the nearest brierbrush. So the secret that Raggylug learned from his mother was that the brierbrush was his best friend. That season, Raggylug learned the land and the plants. And Raggylug learned them so well that he could go to every place around the Swamp and never leave the friendly briers for more than five hops.

The rabbit's enemies were disgusted* that humans planted a new kind of brier. It was so strong that no creatures could break it, and so sharp that the toughest skin was torn by it. Each year there was more of it. But Molly Cottontail had no fear of it.

Other animals and man might get hurt, but she understood it. And the more it grew, the more safe places the rabbits had. The name of this new and dreaded* brier was the barbwire* fence.

III

Molly had no other children than Raggylug. He was unusually* quick and bright as well as strong. He was also lucky. All the season she taught him what to eat and drink and what not to touch. Day by day, she worked to train him.

Close by her side in the field or the bushes, he would sit and copy her when she smelled things. He ate the same food as

---

harm 해를 입히다 **disgusted** 넌더리가 난 **dreaded** 무서운 **barbwire** 철조망 **unusually** 유난히, 특히

her. Still copying her, he learned to comb* his ears with his claws and to clean his fur. He learned, too, not to drink water from the ground.

As soon as Raggylug was big enough to go out alone, his mother taught him how to send messages. Rabbits send messages by thumping on the ground with their back feet. Along the ground, sound carries far. Rabbits have very good hearing, and so they can hear a thump* from very far away. A single thump means 'look out' or 'freeze.' A slow thump thump means 'come.' A fast thump thump means 'danger', and a very fast thump thump thump means 'run for your life.'

At another time, when the weather was fine and the bluejays were arguing,* Raggylug began a new study. Molly put her ears down. Then she ran far away and gave the thumping signal for 'come.'

Raggylug ran to the place but could not find Molly. He thumped, but got no reply. He carefully began to smell until he found her. Thus he got his first lesson in trailing.*

Before that first season of schooling was over, he had learned everything he needed to know to live from his mother. He was a genius.*

He was good at hiding, freezing, following, and chasing. He had not yet tried it, but he had a plan for how to hide around the barbwire. He knew how to use sand to cover his smell. He never forgot the wisdom of 'Brierbrush.' It was the only trick* that is always safe.

He was taught how to know which of his enemies was chasing him. For hawks, owls, foxes, hounds, minks, weasels,* cats, skunks, raccoons,* and men, there were

---

comb 빗질하다　thump 두드리다, 쿵쿵거리다　argue 언쟁하다　trailing 추적하기　genius 천재　trick 비결, 책략　weasel 족제비　raccoon 미국너구리

different plans for hiding and escaping.

And for knowledge* of the enemy's approach,* he learned to listen to his ears, his mother, and bluejays.

"Always listen to a bluejay's warning," said Molly. "He is a thief and a trickster,* but he sees everything. If the woodpecker* cries a warning, you can trust him. He is honest. But the bluejay is smarter. Though the bluejay often tells lies, you can believe him when he brings bad news."

The barbwire trick takes strength and bravery.* Raggylug did not try it until he became older, but it became one of his favorites.

"It's fine play for those who can do it," said Molly. "I've seen many dogs and foxes injured,* and one big hound was killed this way. But I've also seen more than one rabbit lose his life in trying it."

Raggylug early learned what some

rabbits don't learn at all. Hiding in holes is not the best trick. A young rabbit always thinks of it first, but an old rabbit never tries it till all other tricks fail. It means escape from a man, a dog, a fox or a bird of prey.* Yet, it means sudden death if the enemy is a ferret,* mink, skunk, or weasel.

There were three holes in the Swamp. One was open and faced the sun, and here on fine days the rabbits took their sunbaths.* They stretched out among the good-smelling pine needles* in odd* positions.* This is one of their favorite things to do.

There was also a large pine stump. Its scary roots looked like the heads of dragons, and under their protecting claws, an old woodchuck* had dug a hole. He

---

knowledge 인식, 이해 approach 접근 trickster 사기꾼 woodpecker 딱따구리 bravery 용맹함, 용감함 injured 부상을 입은, 다친 bird of prey 맹금류 ferret 흰담비 take one's sunbath 일광욕을 하다 pine needle 솔잎 odd 이상한 position 자세 woodchuck 마멋

was always grumpy* and angry. Finally he fought with a dog and left the hole. Molly began to live there after that.

The other hole, the fern*-hole, was small and damp,* and useless except as a last choice. It was also the work of a woodchuck. He was now dead, too. The Rabbits were now the only owners of the hole, and did not go near it unless they had to.

IV

Bright August sunlight was flooding the Swamp in the morning. A little brown swamp sparrow* was sitting near the pond. Beneath* him was the dirty water that reflected* the blue skies, the plants, and the little bird. Behind him, the skunk cabbage* grew.

The swamp sparrow saw two little brown animals eating the skunk cabbage.

Their little noses never stopped smelling everything around them. They were Molly and Raggylug. They were stretched* under the skunk cabbage, not because they liked its terrible smell, but because some of the insects* hated its smell and wouldn't annoy* them there.

Rabbits are always learning; but what the lesson is depends on* what is happening. They went to this place to rest, but suddenly they heard the warning cry from the bluejay. Molly's nose and ears went up. Away across the Swamp was Olifant's big black and white dog, coming straight toward them.

"Now, hide while I distract* that old fool," Molly said and jumped fearlessly* out in front of the dog.

---

grumpy 성미가 까다로운 fern 양치식물 damp 축축 swamp sparrow 참새, 작은 새 beneath ~ 아래에 reflect 비추다 skunk cabbage 앉은부채 stretch 몸을 뻗다 insect 곤충 annoy 성가시게 하다 depend on ~에 달려 있다 distract 주의를 딴 데로 돌리다, 산만하게 하다 fearlessly 겁 없이

"Bark! Bark!" he yelled as he chased after Molly, but she led him into the brierbrush. There, the thorns scratched* his ears. Finally, she took him to a barbwire fence, where he got a huge, painful scratch. Crying, he ran home. Molly returned to find that Raggylug was not hiding and instead trying to watch his mother. She was so angry that she kicked his face into the mud.*

One day as they ate at the field, a red-tailed hawk* came flying after them. Molly jumped into the briers, where, of course, the hawk could not follow. There were several low growing plants there. Molly cut them so that if she had to escape from the brierbrush, she could jump out easily. Raggylug watched her, then ran on ahead, and cut some more plants.

"That's right," said Molly. "But you must be careful. One day, you will cut a snare.*"

"A what?" asked Raggylug.

"A snare is something that looks like a plant, but it doesn't grow," said Molly. "It's worse than all the hawks in the world. It hides there night and day until it catches you."

"I don't believe it could catch me," said Raggylug, full of pride. His mother realized that her little one was not a baby any longer but would soon be a grown-up rabbit.

V

There is magic in running water. Who does not know it and feel it? A thirsty traveler in the desert* will not drink from ponds till he finds one that has clear, running water.

There is magic in running water. No evil

---

scratch 할퀴다   mud 진흙   red-tailed hawk 붉은꼬리 말똥가리   snare 덫, 올가미   desert 사막

magic can cross* it. When a wild animal is being chased, if he is lucky, an angel will bring him to running water. Any animal cannot follow his smell if he crosses the water.

There is magic in running water. The hounds come to the running water and stop chasing the game. Because of the running water, the wild animal can keep living.

And this was one of the great secrets that Raggylug had learned from his mother.

One hot, humid* night in August, Molly led Raggylug through the woods. He followed her white tail. After a few runs and stops to listen, they came to the edge of the pond. The birds sang soft, high songs, and the bullfrog* sang deep and low.

"Follow me still," said Molly, as she

jumped into the pond and swam toward the log in the middle. Raggylug hesitated* and then copied his mother. He learned that he could swim. He joined his mother on the log. After this, on warm black nights when that old fox from Springfield came through the Swamp, Raggylug would remember to listen for the bullfrog's voice if he wanted to find safety.

This was the latest study that Raggylug had with his mother. Many little rabbits never learn it at all.

VI

No wild animal dies of old age. Its life has a tragic* end.* He can only live as long as he can fight or hide from his enemies. But if a rabbit can grow up to be an adult, he will probably* die in his old age.

---

cross 건너다 **game** 사냥감 **humid** 습한 **bullfrog** 황소개구리 **hesitate** 주저하다 **tragic** 비극적인 **end** 결말 **probably** 아마도

The rabbits have enemies everywhere.* Their daily life is escaping. For dogs, foxes, cats, skunks, raccoons, weasels, minks, snakes, hawks, owls, and men, and even insects all try to kill them. They have hundreds of adventures.

More than once that hateful* fox from Springfield made them have to hide in the barbwire. But once there they could watch him calmly. Once or twice Raggylug led the dog to a skunk, and as they fought, he ran away.

Once he was caught alive by a hunter who had a hound and a ferret to help him. But Raggylug had the luck to escape the next day. He was chased by cats, hawks, and owls, but he knew how to hide from each of them. His mother had taught him all the basics.* As he got older, he improved* them all. He was very smart.

Ranger was the name of a young hound

in the neighborhood. To train him, his master made him chase rabbits. It was almost always Raggylug that they chased. The young rabbit thought the chase was fun.

"Oh, Mother!" he would say. "Here comes the dog again. I must have a run today."

"You are too bold,* my son!" she might reply. "I fear you will get killed."

"But, Mother, it is such fun to tease* that fool dog, and it's all good training," said Raggylug. "If I get tired, I'll thump. You can come and run for me until I finish resting."

Ranger would come and chase the rabbit. Sometimes Raggylug thumped and his mother came to be chased. Or he used a clever trick to escape. He knew

---

everywhere 어디에나   **hateful** 혐오스러운, 지긋지긋한   **basic** 기본, 기초
improve 향상시키다   **bold** 대담한   **tease** 놀리다

that his smell was strongest on the ground when it was warm. So if he could get off the ground, he knew he would be safe. He would zigzag* and jump from tree to rock to tree again. This made his smell hard to follow. Finally he would jump on top of the log and freeze there.

Ranger wasted* a lot of time trying to follow his zigzag path. He had to go back and forward* and in circles just to find the smell. As he tried to follow the scent, he passed right under the log where Raggylug was sitting. Raggylug never moved, and the hound passed. Again the dog came. This time he came to the bottom* part of the log. He smelled it. It smelled like rabbit, but it smelled old.

Raggylug waited as the dog sniffed* up the log. But the wind was good and blew* his smell in another direction. He had a plan to jump as soon as the dog came up on the log. But he didn't come. The dog didn't see him. He jumped off the log and Raggylug had just won.

VII

Raggylug had never seen any other rabbit than his mother. He didn't even think about other rabbits. He spent most time of the day away from her, and yet he never felt lonely.* But one day in December, he saw the head and ears of a strange rabbit. The new rabbit came hopping happily toward the Swamp. He felt a new feeling of anger and hatred* called jealousy.*

The stranger stopped at one of Raggylug's trees. Raggylug liked to rub* his claws there. He thought he did this simply because he liked it, but all boy rabbits

---

zigzag 지그재그로 가다; 지그재그, 갈지자 모양 **waste** 낭비하다 **back and forward** 앞뒤로 **bottom** 맨 아래, 밑바닥 **sniff** 코를 킁킁거리다 **blow** 바람이 불다 **lonely** 외로운 **hatred** 증오 **jealousy** 질투 **rub** 비비다

do so. It tells other rabbits that this area already has a family. The smell lets them know if they are his friends.

Now to his disgust,* Raggylug noticed that the new rabbit was taller than himself. He was also big and strong. Raggylug had never felt this angry before. He really hated and wanted to kill this new, big rabbit.

"Thump—thump—thump," he said with his feet. "Get out of* my swamp, or fight," was the meaning of the message. The rabbit made a big V with his ears.

"Thump—thump—thump," he returned with stronger thumps from his front legs.

And so it was war.

They came together and watched each other. The stranger was a big, heavy buck* with a lot of muscle.* But it was clear that he was not cunning or clever. The new rabbit ran at him. As they came together, they jumped and hit each other with their back legs. Down went poor little Raggylug. In a moment, the big rabbit was biting Raggylug. He lost some fur, but he jumped on his feet again.

But he jumped quickly away. Again he charged* and again he was knocked down,* bitten seriously. He could not fight this enemy. He had to escape.

Even though he was hurt, he jumped away. The big rabbit chased him. Raggylug was fast, and the stranger was so big and so heavy that he soon gave up. From that day, Raggylug's life got worse. His training had been against owls, dogs, weasels, men, and so on. He did not know how to fight another rabbit. He just learned to run and hide.

Poor little Molly was in complete* terror.* She could not help Raggylug and

disgust 혐오감 get out of ~에서 나가다 buck 수토끼 muscle 근육
charge 돌격하다 knock down 때려눕히다 complete 완벽한 terror 공포

tried to hide. But the big rabbit soon found her. She tried to run from him, but she was not as fast as Raggylug. She hated him, but he mated with* her. Her hate made him angry. Every day, he chased her and made her upset.* Sometimes he pulled her soft fur.

He really wanted to kill Raggylug. There was no other swamp that Raggylug could go to. Whenever he took a nap* now, he had to be ready at any moment to run for his life. Life had become so terrible! It made him feel crazy to see his mother beaten* every day and his home destroyed* by this stupid rabbit. Unhappy Raggylug hated him more than ever he did a fox or a ferret.

How was it to end? He and his mother were both becoming more tired and weak every day. The stranger was ready to do anything to destroy poor Raggylug. Even if rabbits hate each other, no good rabbit will put another rabbit in danger if their common* enemy appears. However, one day when a great hawk came flying over the Swamp, the stranger hid but tried to chase Raggylug out into the open.

Once or twice the hawk nearly caught him, but still the briers saved him. And again Raggylug escaped, but his life was not any better. He decided to leave, with his mother, the next night and look for a new home. Then he heard Old Thunder, the hound, sniffing and searching around the Swamp.

He jumped out in front of the hound and the dog began to chase him. They went around the Swamp three times. His mother was hiding and the big rabbit was in his nest. He led the hound right to the

---

mate with ~와 교배하다, 짝을 이루다　**upset** 속상하게 하다, 근심시키다　**take a nap** 낮잠을 자다　**beat** 때리다　**destroy** 파괴하다　**common** 공동의

other rabbit's nest. He jumped over his head.

"I'll kill you!" cried the big rabbit. He jumped and turned and saw the hound behind him. The hound barked loudly. His weight* helped him fight other rabbits, but it made him too slow to run. He did not know many tricks. He also did not know where the holes were.

The big rabbit was chased into the brierbrush. Raggylug hid in another part and listened to the hound cry. But suddenly these sounds stopped. There was a fight and then loud and terrible screaming.* Raggylug knew what it meant, and he felt scared. But soon he was filled with joy because his enemy was dead.

VIII

Old Olifant decided to burn* and destroy some of the old brierbrush plants. He also took away* some of the old barbwire fence. This was hard for Raggylug and his mother. Where could they hide now? They had lived in the Swamp for so long that they didn't want to leave or they didn't want other rabbits to come.

That January, the Olifants cut some of the wood around the pond, which made the rabbit's land even smaller. But they still stayed in the Swamp, for it was their home. Lately they were annoyed by a mink that had moved into their swamp. But he usually ate Olifant's chickens. While he was there, they couldn't use the holes and instead used the remaining brierbrush and barbwire.

The first snow had gone and the weather was bright and warm until now.

---

weight 체중, 무게 screaming 비명 burn 태우다 take away 제거하다

Molly, feeling sick, was looking for a plant to help her pain. Raggylug was sitting in the weak sunlight. The smoke from the chimney* of Olifant's house came, pale and blue, across the sky. The Olifant's house looked purple under the shadows.

Raggylug smelled cabbage near the house. Raggylug's mouth watered because he loved cabbage dearly.* But he had been to the house the night before. A wise rabbit should not go to the same house two nights in a row.* Therefore, he ate some hay instead of cabbage. Later, when he was about to sleep, he was joined by his mother. The sun moved down. Black darkness covered the sky, and then the wind blew cold air, and it began to snow.

"Isn't it terribly cold?" asked Raggylug.

"It's a good night to sleep in the pine hole," replied Molly. "But we can't go there until the mink dies."

The rabbits had to go sleep under a pile of* leaves. The wind blew harder and colder as the hours went by. It might seem a poor night for hunting, but that old fox was out. He smelled the sleeping rabbits. He snuck* behind them.

Because of the snow, Molly didn't hear the fox until he was very close. She touched Raggylug and they were both ready to jump as soon as the fox jumped at them. Molly ran into the storm.* The fox chased after her. Molly ran to the freezing pond. She had no other choice. Splash*! She jumped into the cold water.

The fox decided the water was too cold for him to follow. He left and Molly tried to swim for the shore.* But there was a strong wind. The cold water waved* over

---

chimney 굴뚝 dearly 대단히, 몹시 in a row 연달아, 계속 a pile of 한 무더기의 sneak 살금살금 가다 storm 폭풍 splash 풍덩 하는 소리 shore 물가 wave 파도치다, 너울거리다

her head, so she couldn't swim to mud or ice.

She swam with all of her strength but the snow continued to block* her path. Finally, she made it to the tall reed* plants. She tried to keep swimming. She did not even care if the fox was there. Her heart and legs became so weak and cold. Finally her legs stopped moving, and the soft brown eyes were closed in death.

Raggylug had just come to the pond to rescue* his mother. He searched and searched, but he could not find his little mother. He never saw her again. Poor little Molly Cottontail! She was a true heroine*! But she lives on in her son Raggylug.

And Raggylug still lives in the Swamp. It is wilder than before. He has a wife and family. He and his children and their children will continue to live there for ages.*

Bingo, the Story of My Dog

빙고는 내가 새끼 때부터 기르기 시작한 양치기 개다.
빙고는 야성을 간직한 개로 어려서부터 사고뭉치였다.
빙고는 소몰이 개로 훈련을 받지만 타고난 야성 때문에 성공하지 못하고
심지어 암컷 코요테에게 마음을 빼앗기기도 한다.

I

It was early in November, 1882, and the winter had just come. I was looking out the window and singing an old children's song. But the dreamy mixture* of rhyme*

---

block 가로막다 **reed** 갈대 **rescue** 구조하다 **heroine** 여자 영웅 **for ages** 오랫동안 **mixture** 혼합물, 혼합체 **rhyme** 운, 운문, 노랫말

and winter was changed when I saw a large gray animal being chased by a smaller black and white animal.

"A wolf," I exclaimed, and I grabbed* a gun and ran out to help the dog. But before I could get there, they had got to an open field. There the dog, the neighbor's collie,* was walking in circles, waiting to attack.

I fired a couple of shots, which caused them to start running again. After another run, this dog bit the wolf's back and then let it go again. The dog chased the wolf like this toward the houses and they were away from the forest. Finally, I caught up to* them. The dog saw me and decided to attack the wolf one more time. After a few seconds, the dog had the wolf on its back and was biting its throat. I shot the wolf in the head.

Then, when this dog saw that his enemy* was dead, he ran back to his master's farm. He was a wonderful dog, and he could kill the wolf alone, even though it was bigger than him. I wanted to buy him from his owner.*

"Why don't you try to buy one of the children?" his owner answered.

Since I could not buy this dog named Frank, I decided to buy one of his puppies. One of his puppies was a little black fuzzy* puppy that looked like a baby bear with a long tail. But he had some tan* spots on his fur and a white spot on his nose.

When I finally bought him, I had to find a name for this puppy. I remembered the children's rhyme that I was singing and called him Bingo.

II

The rest of that winter, Bingo lived in

---

grab 움켜잡다 collie 콜리(양치기 개) catch up to ~을 따라잡다 enemy 적 owner 주인, 소유자 fuzzy 솜털이 보송보송한 tan 황갈색의

our house, eating lots of food, and growing bigger and clumsier* each day. He never learned to keep his nose out of rat traps.* He tried to make friends with the cat, but she didn't understand and ignored or scratched him. Finally, he decided to sleep outside in the barn.*

When the spring came, I began to train him. It was hard for us both, but he eventually* learned how to herd* our yellow cow. After he learned how to do this, he loved to go out and get the cow every day. He would chase her, full of energy,* quickly from the field and back to our house.

Less energy would have been better but he was so happy to bring the cow home. Often he brought the cow home without us asking him. Every time he became excited, he would go run to get the cow and chase her back to the fields.

At first this did not seem very bad, for it kept the cow from going too far away. However, it stopped her from* eating and relaxing. She became thin and gave less milk. She became nervous and was always watching and waiting for the dog to come chase her again. This was going too far.* Finally, we made him stop chasing the cow, but he still waited by her stable* door every day when she was milked.

As the summer came on,* the mosquitoes* filled the barn. But more annoying* than mosquitoes was being hit by the cow's tail as you milked her. Fred, who did the milking, decided to tie a brick to the cow's tail so she couldn't move it.

Suddenly through the midst* of mosquitoes, the brick smacked* Fred

---

clumsy 눈치 없는 rat trap 쥐덫 barn 외양간 eventually 결국 herd 짐승을 몰다 full of energy 기운이 넘치는 stop A from -ing A가 ~하지 못하게 하다 go too far 도를 넘다 stable 마구간 come on 다가오다 mosquito 모기 annoying 귀찮은 midst 한가운데 smack 찰싹 치다

in the face. The cow went on peacefully eating. Fred began screaming at the cow and everyone else watched and laughed. Bingo, hearing the noise, ran inside and began to attack the cow. The milk spilled* and both the cow and dog were beaten.*

Poor Bingo could not understand it at all. He had long before learned to hate that cow, and now he decided to never go to her door again. Instead, he decided to go and hang out with* the horses.

The cattle were mine and the horses were my brother's, so he stopped spending time with me every day. However, whenever there was an emergency,* Bingo turned to* me and I to him. The bond* between man and dog is one that lasts* as long as they live.

The only other occasion* on which Bingo herded the cow was in the autumn of the same year at the annual Carberry Fair.*

The price for the best herding dog was two dollars. I entered* Bingo, and I brought my cow to the field outside the village. When the time came, the cow was pointed out to Bingo. We told him to get her. He was supposed to* bring her to the judge.*

Instead, the cow saw the dog and began running for her stable at my house. The dog chased her there, too. So they ran towards my house and disappeared.* That was the last that judge or jury* has ever seen my dog or cow. The prize was awarded* to the only other dog.

III

Bingo's loyalty* to the horses was amazing.* By day, he walked beside them,

---

spill 엎지르다 beat 때리다 hang out with ~와 어울리다, 가까이 지내다 emergency 비상, 긴급 사태 turn to ~에게 의지하다 bond 유대(감) last 지속하다 occasion 경우, 때 fair 품평회 enter 출전시키다 be supposed to ~해야 하다 judge 심사위원 disappear 사라지다 jury 심사위원단 award 수여하다 loyalty 충성심 amazing 놀라운

and by night, he slept at the stable door. Nothing kept him away from* his horses.

I am not the kind of person who believes in bad luck or magic, but something strange happened. There were two of us now living on the De Winton Farm. One morning, my brother went to Boggy Creek to buy some hay.* It was a long day's journey there and back, and he started early in the morning.

Strangely, Bingo, for once in his life, did not follow the horses. My brother called to him, but he would not come. Suddenly, he raised his nose in the air and howled sadly. He watched the wagon until he could no longer see it and kept howling sadly.

All that day he stayed around the barn and continued to howl. I was alone, and the dog's behavior* made me feel nervous as the hours continued to pass.

About six o'clock, Bingo's howling

became so loud that I threw something at him and told him to go away. But the feeling of horror* that filled me. Why did I let my brother go away alone? Would I ever again see him alive?

At last it was time for my brother to come back. There he was with all his horses.

"Are you all right?" I asked.

"Of course," he answered. I thought it must have been nothing. I told this to someone who knew a lot about magic.

"Bingo always turned to you in an emergency?" he asked me seriously.

"Yes."

"Then do not smile. It was you that were in danger that day. He stayed and saved your life, but you never knew from what."

---

keep A away from B B에게서 A를 떼어놓다   hay 건초   behavior 행동
horror 공포

IV

Early in the spring, I had begun Bingo's education.* Very shortly afterward,* he began mine. Between our house and the village of Carberry, there was a post* in the ground.

I soon noticed that Bingo never passed without smelling this mysterious* post. Next I learned that it was also visited by the prairie wolves* and by all the dogs in the neighborhood.* With my telescope, I watched the post and learned about Bingo.

Because of dogs' and wolves' excellent sense of smell, they could learn about the others by smelling the post. When the snow came, I realized that there were many posts around the village where dogs left their smells. These were marked* by posts, skulls,* or other objects.* This way, the dogs were very good at getting and giving the news. Each dog or wolf checks each post regularly* to learn the news.

I had seen Bingo approach the post, smell, and then growl. Then he walked away, and then looked at the post again.

"Grr! That smell's like McCarthy's dirty dog," he seemed to say. At another time, he seemed very interested in the paw prints of a coyote.

"It smells like he killed a cow. I must learn about this," he seemed to say. At other times, he would wag* his tail and look happy! It seemed that he smelled his brother, Bill. The next night, his brother came to our house and they played together in the fields.

At other times, he would suddenly look up and run to the next station* to look for more news. Sometimes he really seemed

---

education 교육 afterward 후에 post 말뚝, 푯말 mysterious 수상한, 신비한 prairie wolf 코요테 neighborhood 이웃, 동네 mark 표시하다 skull 해골 object 물건 regularly 정기적으로, 규칙적으로 wag (꼬리를) 흔들다 station 위치, 장소

to be thinking deeply about the news he learned. One morning Bingo looked completely terrified. He returned to the house still looking angry and fearful.* I realized from the way he acted that he had smelled a timber wolf.*

These were among the things that Bingo taught me. And I used to watch him leave the house at night and travel in the snow. I understood how he knew where to go and what to look for.

"Ahh! Old Dog, I know where you are going! I know that you know where to look for what you want, too."

V

In the autumn of 1884, we closed our house and Bingo moved to the stable of Gordon Wright, our closest neighbor. Bingo would only enter the stable during a thunderstorm.* Bingo hated thunder* and shotguns.* Bingo loved to travel around at night. Bingo traveled miles at night. Some farmers warned* that they would shoot Bingo if Gordon didn't keep him home at night.

This explained* why Bingo was so afraid of guns. A man living far away said he saw a large black wolf kill a coyote on the snow one winter evening, but later, he realized it was Bingo. Bingo was sometimes seen around dead cows or sheep in winter.

Sometimes it seemed that Bingo killed neighbor's dogs. One man said that he saw a prairie wolf mother with babies that were very large and black with a white spot. I know that late in March, while my brother and I were out with Bingo, a prairie wolf came up to him. Bingo chased it, but it did not run very fast. When Bingo caught the

---

fearful 무서운, 두려운   timber wolf 얼룩이리   thunderstorm 뇌우
thunder 천둥   shotgun 산탄총, 엽총   warn 경고하다   explain 설명하다

wolf, he was gentle.* He licked* the wolf's nose. We were astounded,* and shouted.

"It is a she-wolf. He won't harm her," I exclaimed.

For weeks after this, we were annoyed by a prairie wolf who killed our chickens and stole pieces of pork* while the men were away. Bingo never stopped this animal. At last she was killed by a man named Oliver. Bingo always hated him.

VI

It is wonderful and beautiful how a man and his dog will help each other no matter what happens My friend told me about an Indian tribe* that was divided* when one man killed another man's dog. 'Love me, love my dog,' is what many people say.

One of our neighbors had a very fine hound that he thought the best and dearest dog in the world. I loved him, so

I loved his dog. One day, the poor dog crawled* home terribly* injured* and died by the door. I said I would punish* the person who did it and helped him collect* evidence.* At last it was clear that one of three men who lived south of us must have injured the dog.

Then something happened that changed my mind about what had happened to the dog. Gordon Wright's farm was south of ours, and while there one day, Gordon Jr. asked to speak to me secretly.

"It was Bingo that killed him," he whispered.*

Then, I did everything I could to stop the others from finding the truth. I had given Bingo away long before, but I still

---

gentle 다정한, 점잖은 lick 핥다 astounded 경악한, 몹시 놀란 pork 돼지고기 tribe 부족 divide 나누다 crawl 기다 terribly 심하게, 몹시 injured 부상을 입은, 다친 punish 처벌하다 collect 모으다 evidence 증거 whisper 속삭이다

felt like he was my dog. Old Gordon and Oliver were close neighbors and friends. They worked together, cutting wood, for half of the year. Then Oliver's old horse died, and he decided to use it as bait for wolves. He put poison in it. But poor Bingo acted like a wolf!

Bingo loved the dead horse like he loved all horses. That night, he and Wright's dog, Curly visited the horse. It seemed that Bingo did not eat much of the horse. However, Curly had a feast.* He and Bingo came home. Curly died, in great pain, at Gordon's feet.

No explanations* or apology* were acceptable.* Gordon could not work with Oliver anymore. He remembered how Bingo always hated him. To this day, the families are still fighting. It was months before Bingo really got better from the poison. But when the spring came, he began to gain strength. He was full of health and ready to annoy the neighbors again.

VII

Changes took me far away from my home, and on my return in 1886, Bingo still lived with Gordon. I thought he would have forgotten me after two years away, but not so. One day early in the winter, he crawled home with a wolf trap on his foot. He tried to bite everyone that went near him. I tried to take the trap off his foot. Instantly,* he grabbed my wrist* in his teeth.

"Bingo, don't you know me?" I asked him quietly. He let go of my hand and did not fight me, but he cried as I removed*

---

have a feast 잔치를 벌이다 **explanation** 해명, 설명 **apology** 사과
acceptable 받아들여지는, 받아들일 수 있는 **instantly** 곧, 즉시 **wrist** 손목
remove 제거하다

the trap. He still thought I was his master even though he had not seen me in years. Bingo was carried into the house. The ice melted* around his frozen* feet and during the winter he lost two toes.* However, by the time the Spring came, he was healthy again.

VIII

That winter, I went hunting for animals and fur* with traps. The wolf-traps are made of heavy steel with two hundred pounds of power. They are set in fours around buried bait. Then they are attached to* logs* and hidden under leaves.

A prairie wolf was caught in one of these. I killed him, threw him to the side, and reset* the trap quickly. I went to get some sand to cover the trap, but I forgot that I had buried another wolf trap there. It snapped,* closed on my arm.

I was not injured, but my arm was trapped. I tried to stretch* my body so that I could touch the button that opened the trap. I failed to touch the button with my toe. I tried to turn my body around and use my other foot. As I kicked through the sand, trying to press* the trap, I hit the third wolf trap! My leg was caught!

At first, I was not scared. However, as I struggled,* I realized I could not get free. It was winter time and very cold. I might have frozen to death or the wolves would come and eat me!

As I lay there, the red sun went down. I felt very cold and afraid. At Gordon's house, they were probably eating dinner. I called to my pony. He looked at me dumbly.* He didn't understand I was in

---

melt 녹다 frozen 꽁꽁 언 toe 발가락 fur 모피, 털 attach to ~에 붙이다, 첨부하다 log 통나무 reset 다시 설치하다 snap 찰칵 소리를 내며 움직이다 stretch 늘리다, 쭉 펴다 press 누르다 struggle 몸부림치다 dumbly 말없이, 묵묵히

trouble, and he just waited for me. This is how a wolf feels when he is trapped, I realized! Now I had to pay for* all the pain I had given to them.

Night came slowly on. A prairie wolf howled. The pony* walked over to me. Then another prairie wolf howled and another. They were gathering in the neighborhood. I heard them coming nearer and nearer to me. The pony tried to scare them, but they kept coming. They began to smell the dead wolf. I shouted. The pony ran away. The wolves ate the dead wolf.

The wolves sat down and looked at me. One smelled my gun. They began to growl in my face. They were going to eat me! Suddenly a great black wolf appeared. The prairie wolves all ran except for one. The black wolf killed him. Then he came to me. He licked my face! It was Bingo!

"Press that button!" I yelled and pointed with my free hand. He came back holding* my gun.

"No! The button!" Finally, the dog touched the button with his nose and the trap opened. I was free. Bingo brought the pony up, and after a few moments, I could ride the pony again. Then slowly we rode home. I learned there that the dog had cried until Gordon had let him out that night. He had wanted to help me.

He was a strange dog. He ignored* me the next day. Another time, he ate another poisoned horse. When he was sick, he went to my house to find me. I wasn't home. The next day, I found him dead from poison in front of my house.

---

pay for ~에 대가를 지불하다   **pony** 조랑말   **hold** 잡다   **ignore** 무시하다, 못 본 척하다

Story 05

The Springfield Fox

스프링필드 농장에서는 계속 암탉들이 사라진다.
그 범인은 바로 농장 주변에서 새끼를 키우는 여우 부부이다.
이 여우들을 잡기 위해 온갖 방법들이 동원되지만
여우의 지혜는 번번이 인간을 앞선다.

I

The hens had been mysteriously* disappearing for over a month. When I came home to Springfield that summer, I had to find out why. This was soon done. The animal took them one at a time. It was a fox.

In the forest on the other side of the river from our house, I found fox footprints and a feather from one of our chickens. I heard the crows crying loudly. In the middle of them was a fox carrying another hen from our farm. Even though the crows are also robbers,* they are the first to* cry about other thieves.

The crow flock* was trying to stop the fox from getting home. He ran, but I started to chase him too. He dropped the hen and ran back to his home. Because he was trying to carry whole hens home, it meant that he must have a family with little foxes.

That evening, I went with Ranger, my hound, across the river into the woods. We heard the bark of a fox. Ranger ran quickly toward the sound until I could not

---

mysteriously 수상하게　robber 도둑, 강도　be the first to 솔선하여 ~하다, 나서서 ~하다　flock 무리, 떼

see or hear him anymore. After nearly an hour, he came back, breathing hard and warm. It was August. He lay down at my feet. But almost immediately* the same fox barked, and the dog ran off to chase the fox again.

Away he went in the darkness,* barking and running north. They must have gone some miles away. Even with ear to the ground, I did not hear them. As I waited in the black woods, I heard the sweet sound of dripping* water.

I followed the sound because I was thirsty. But the sound led me to an oak tree.* It was not water! It was the 'water-dripping' song of an owl. But suddenly Ranger was back. He was so tired. His tongue* hung out of his mouth, and he breathed heavily. He licked me and then he dropped on the ground.

We heard the bark again a few feet away.

We must have been close to the nest with the little foxes. The big foxes were taking turns* running with the dog. It was late night now, so we went home.

||

It was well known that there was an old fox with his family living in the neighborhood. This fox had been called Scarface because of a scar* from his eye to the back of his ear. This was given to him by a barbwire fence during a rabbit hunt.

The winter before, I had met with him and learned that he was smart. I was out shooting, and I saw a fox walking out in the field in front of me. I stopped moving until he went into the bushes. I couldn't see him anymore. I ran to the other side of bushes and waited for him to come out in

---

immediately 즉시 **darkness** 어둠 **drip** (물이) 똑똑 떨어지다, 방울방울 떨어지다 **oak tree** 참나무 **tongue** 혀 **take turns (in) -ing** 번갈아 ~하다 **scar** 흉터

that direction, but no fox came. I turned to see Old Scarface far behind me, where I couldn't shoot. He seemed to smile.

He saw me at the moment I saw him, but he pretended* not to care. Then he ran very quickly behind me. Now he was smiling.

In the springtime, I was walking with a friend along the road over the high field. We passed the cliff* at which there were several gray and brown rocks.

"Stone number three looks to me very much like a fox sleeping," said my friend. But I could not see it, and we passed. We walked away and the wind blew on the rocks.

"I am sure that is a fox sleeping," said my friend.

"We will see," I replied, and turned to see. Suddenly Scarface jumped up and ran. He ran into the yellow grass to hide himself. He had been watching us all the time, and he knew that he looked like the rocks. We soon found that it was Scarface and his wife Vixen that had made our woods their home and stolen food from our barns.

The next day in the pine forest, we saw some scratches on the ground. When a fox makes a nest underground,* he sometimes digs one fake* hole and then a real hole. This way, his enemies are tricked.* So I looked for the real hole where there could be a nest of little foxes inside. I found evidence of where the real nest was.

I went up in a tree the next day when the sun was warm. I went there to watch. I soon saw the fox family. There were four little foxes. They had thick fur coats and looked innocent.* But their sharp noses

---

pretend ~인 척하다 cliff 절벽 underground 지하에, 땅속에 fake 가짜의
trick 속이다 innocent 천진난만한

showed that one day they would be clever foxes. They played in the sun. They heard a noise and went back to the nest. It was their mother Vixen. She was carrying a hen. She called them out of the nest.

They jumped on the hen, fought over it, and ate it. The mother's face was always cunning* and wild.* However, when she looked at her cubs, she also looked proud* and full of love. I was able to come and go without scaring* the foxes.

For many days, I went there and saw much of the training* of the young ones. They early learned how to stop moving and freeze* or to run away when they saw danger. Vixen often brought home mice and birds alive to teach them how to hunt. She was a good mother but not gentle.

There was a woodchuck that lived over in the orchard.* He was neither handsome nor interesting, but he knew how to take care of himself. He had dug a nest between the roots of an old pine stump, so that the foxes could not follow him by digging. But foxes don't like hard work. They like to be smart.

One morning, Vixen and her mate seemed to decide that it was time the children learned about woodchucks. So they went secretly to the nest of this woodchuck. Scarface walked out in front of the hole. The woodchuck saw him, but the fox pretended not to see him. The woodchuck went into his hole.

This was what the foxes wanted. Vixen ran to the stump and hid behind it. The woodchuck looked out of the hole. He saw Scarface leaving. He became braver and left the hole. Vixen jumped on him and then shook him until he stopped moving.

---

cunning 교활한 **wild** 사나운, 거친 **proud** 자랑스러운 **scare** 겁주다, 놀라게 하다 **training** 교육, 훈련 **freeze** 꼼짝 않고 있기 **orchard** 과수원

Scarface watched her take the woodchuck back to the nest.

She went back to the den* with the woodchuck still alive in her mouth. She threw the wounded animal to her cubs, and they all began to bite and play. The woodchuck fought back.* He ran and they chased him. They chased him again and again till he bit one of the cubs hard. Vixen then killed him.

Not far from the nest was the playground* of some field mice.* This was where the foxes learned to hunt because mice were so easy to catch.

So the family went to this mice field one evening and Mother Fox made them hide in the grass. They heard a mouse squeak.* Vixen rose up and stood on her hind legs to look. The only way to see mice in the deep grass is to watch the grass move. So mice can only be hunted on a windless* day. Vixen soon jumped into the middle of the bunch of dead grass, and she grabbed a field mouse.

He was soon eaten, and the four awkward* little foxes tried to do the same as their mother did. At last the oldest, for the first time in his life, caught something. He excitedly* ate the little mouse with his pearly* white teeth.

Another home lesson* was on the red squirrel. One of these noisy* creatures lived close by and used to yell at the foxes from the trees. The little foxes could not catch him. But Vixen knew squirrels. She hid the children and lay down flat in the middle of the open field. The squirrel came closer and closer, yelling at her.

"You stupid animal!" he yelled.

---

den 굴 **fight back** 반격하다 **playground** 놀이터 **field mouse** 들쥐 **squeak** 찍 소리를 내다 **windless** 바람이 안 부는 **awkward** 어색한, 서투른 **excitedly** 흥분하여 **pearly** 진주 같은 **home lesson** 가정교육 **noisy** 시끄러운

But Vixen acted like she were dead. This was very confusing, so the squirrel jumped down and ran to another tree.

"You're useless*!" he yelled. But she still did not move. This made the squirrel curious. He got closer and closer to her again. The squirrel yelled and yelled. He dropped something on her head. Still, she didn't move. So after a couple of more runs, he came within a few feet of the really watchful* Vixen. She jumped up and grabbed him. The little ones ate him.

They learned the basics* of hunting. Each day that they grew stronger, their mother took them farther and farther away to learn more.

For each kind of prey,* they were taught how to hunt. Every animal has some great strength.* If not, it cannot live. They all have some great weakness, too. If not, the others cannot live. The squirrel's weakness* was foolish curiosity.* The fox's is that he can't climb a tree. The little foxes were trained to learn the weaknesses of other animals.

Here are some that foxes taught me without saying a word:

Never sleep on your back.

Trust* your nose more than your eyes.

A fool runs down the wind.

Trust running water.

Never go in the open if you can hide.

Never leave a straight trail.

If it's strange, it's dangerous.

Dust and water burn* your smell.

Never hunt mice in a rabbit woods or rabbits where chickens live.

Don't go on the grass.

Finally: Never follow something that you

---

useless 쓸모없는   watchful 지켜보는, 신경 쓰는   basic 기초, 기본   prey 먹이   strength 장점   weakness 약점   curiosity 호기심   trust 믿다, 신뢰하다   burn 태우다, 소진시키다

can't smell. If you cannot smell it, then the way the wind is blowing means that it can smell you.

One by one, they learned the birds and beasts* of their home woods. Then, when they were able to leave their home, they learned new animals. They were beginning to think they knew the smell of everything that moved. But one night the mother took them to a field where there was a strange black thing on the ground. As soon as they smelled it, they felt hate and fear.

"That is the smell of humans," said Vixen.

III

Meanwhile,* the hens continued to disappear. I did not tell my uncle about the foxes because I liked them more than chickens. To please him, I took Ranger to the woods where the foxes lived. I sat down and watched him chase the fox.

After a while, I heard them coming back. There I saw Scarface running next to the stream.* He walked through the stream and came straight toward me. He didn't see me. I watched him sit and watch the dog. Ranger came to the running water and was confused. The hound started running up the river.

The fox continued to watch the dog, and I watched him. As he watched the dog, he still looked nervous. But his mouth opened and he seemed to laugh at the silly* hound. Old Scarface looked very happy when the dog seemed to completely lose the smell.

As soon as the hound walked up the hill, the fox quietly went into the woods. I had

---

beast 짐승   **meanwhile** 한편, 그동안   **stream** 시내, 개울   **silly** 어리석은, 멍청한

been sitting only ten feet away. However, I had the wind and did not move, so the fox never knew that his most feared enemy was behind him. Ranger walked by me. I called him and he came sheepishly* to my feet.

This comedy happened again and again for days. My uncle became impatient.* He went himself to the woods. The fox tried to trick the dog again, and he waited the same way I did. He shot Scarface in the back.

IV

But still the hens were disappearing. My uncle was angry. He put poison* bait* all through the woods. He complained* that I was no good at hunting. He took his guns and dogs to see what he could kill.

Vixen knew what poisoned bait was. She would not eat it. In the past, Old Scarface was always ready to keep the dogs away from his family. But now that* Vixen took care of the whole family, she could no longer lead the dogs away from the nest. Ranger followed her trail to the nest, and Spot, the fox terrier,* announced* that the family was at home, and then did his best to go in after them.

The whole secret was now out, and the whole family was in trouble.* My uncle hired a man to dig them out with a shovel.* Vixen noticed us and the dogs watching. She led the dogs away by making them chase a sheep. She returned and saw that we were still there. She tried to get us to leave her babies. Meanwhile, the man with the shovel kept digging. After an hour he stopped.

"Here they are!" he cried.

---

sheepishly 순하게, 소심하게 **impatient** 짜증 난, 안달하는 **poison** 독 **bait** 미끼 **complain** 불평하다 **now that** ~이므로 **fox terrier** 폭스테리어(개의 일종) **announce** 발표하다, 알리다 **be in trouble** 곤경에 처하다 **shovel** 삽

The four little cubs were hiding in the back of the nest and staring at us. Before I could stop them, the man killed two babies with a shovel and the terrier killed a third. I grabbed the fourth baby by its tail and held it away from the dogs.

He cried, and his poor mother came at the cry. She was close enough to shoot, but the dogs were in between her and the guns. The little one that was still alive was dropped into a bag, where he didn't move. The man buried the other three cubs. We went back to the house. None of us wanted to kill the last little fox, so we chained* him up outside.

He was a pretty and looked like both a fox and a lamb.* His fur made him look sweet and innocent, but his yellow eyes showed cunning and anger. As long as anyone was near, he hid in the back of his box.

I used to watch him from the window. The hens used to walk around him during the day. He tried to chase them, but he couldn't escape from his chain. He then sat sadly back down in his box again.

As night came down, he became nervous. He left his box and kicked and pulled at his chain. Suddenly he put his nose in the air. He listened and cried. Then an answer came. His mother came to him out of the darkness. She grabbed him in her mouth and went to take him home. The chain pulled him back out of her mouth.

An hour later, the cub stopped moving or crying. In the light of the moon, I saw the mother fox chewing* on the cruel chain. And Tip, the little fox, was drinking from his mother. I went outside. The

---

chain 사슬로 묶다 **lamb** 새끼 양 **chew** 씹다, 물어뜯다

mother ran away. I found two dead mice next to the little fox.

I went to the nest in the woods. The poor heart-broken* mother had dug up the little bodies of her dead babies. The three babies all had clean coats now. There were also two dead chickens next to them. She lay down* next to them and tried to feed them. She longed to feed them, but they never moved.

She had watched them for hours, mourning.* But after that night, she never went to the nest again. She realized they were dead. She was now determined to* rescue* the last baby. The dogs were left out at night to protect* the chickens. The man my uncle paid and I were told to shoot the fox. Chicken heads had been poisoned and scattered* through the woods.

And yet, each night, Vixen was there to feed her baby and bring it dead animals.

Again and again, I saw her. The second night, the mother fox came again. She dug a hole next to the chain and then put the chain in it. Then she buried* it. She seemed to think that she had made the chain disappear. She grabbed the little cub by the neck and tried to run away with him. The chain pulled him back again.

The cub cried and returned to his box. After half an hour, the dogs started to bark, and I knew they were chasing Vixen. They went up north toward the railroad tracks.* The next morning, one dog did not come home. We soon knew why. Foxes had learned to lead dogs to railroad tracks. Their smell was hard to find on the iron,* and there was a chance* that a train would hit and kill the dogs.

---

heart-broken 비통해하는, 비탄에 빠진　**lie down** 내려놓다　**mourn** 애도하다, 슬퍼하다　**be determined to** ~하기로 결심하다　**rescue** 구하다, 구출하다　**protect** 보호하다　**scatter** 흩뿌리다, 흩어 놓다　**bury** 묻다　**railroad track** 철로　**iron** 철, 쇠　**chance** 가능성, 기회

Later that day, we found the dead body of Ranger on the railroad tracks. That same night she returned to our house and killed another hen. The cub drank milk from her. Because of that dead hen, my uncle realized that she was coming at night. I liked Vixen too much to help kill her. On the next night, my uncle himself watched for an hour. Then he left a man named Paddy to watch for the fox.

But Paddy was a nervous man. He shot his gun at everything and failed to hit the fox. The next two mornings, my uncle and some of his friends tried to wait for the fox again. It was clear that she visited her baby both nights and brought him food. However, they could still not kill her.

Such courage* made the men respect* the fox. Few of us wanted to wait again to shoot her. Would she come again? Her mother's love was very strong. That night,

I watched the fox from my window. He cried and she came again. But she carried no food this time. Why? Did she trust we fed him?

No. Her heart and hate were true. She was determined to set him free any way she could. But everything had failed. Like a shadow* she came, and in a moment was gone. The cub started to eat something she had dropped. Suddenly he screamed. His body shook, and he was dead.

The mother's love was strong in Vixen, but she would not have her son live as a prisoner.* She knew the power of poison. If he had lived to be older, she would have taught him not to eat poison. But she decided that it was better for him to be dead than not free.

In the winter that year, we realized that

---

courage 용기 | **respect** 존경하다 | **shadow** 그림자 | **prisoner** 포로

Vixen had left the woods. We never knew where she went. Perhaps* she had gone to other woods to forget her dead family. Or, maybe she decided to join them the same way her last cub did.

The Pacing Mustang

검은 야생마 한 마리가 들판을 달린다.
이 훌륭하고 멋진 종마는 농장의 암말들을 매혹시켜 탈출시킨다.
농장 주인들은 모두 이 야생마를 죽이거나 소유하려고 하지만
이 말의 빠른 속도를 이길 사람이나 말은 없다.

I

Jo Calone threw down his saddle* on the dusty ground, and went into the ranch house.

"Is it time to eat?" he asked.

"Seventeen minutes," said the cook.

---

perhaps 아마도   **saddle** 안장

"How's things on the cattle range?" asked Jo's partner.

"Much too hot," said Jo. "The cattle seem alright. There are lots of calves.* I saw a bunch of mustangs* near the water. They have a few colts now. I chased them for a while, but then I got thirsty and had to stop."

"You didn't bring water?" said Scarth.

"You'll get a chance to chase the mustangs too, Scarth," said Jo.

"Food," shouted the cook, and we stopped talking and forgot the mustangs.

A year later, in the same part of New Mexico, we saw the mustangs again. The dark colt* was now a black and one year old. With his long legs, he looked born to run fast. My friend Jo decided that he wanted the horse. But getting a wild horse isn't usually a good idea. They are not easy to work with and no one wants to buy them.

Some cowboys even shoot mustangs because they take food from the cattle and they lead tame* horses away.*

"White horses are too soft. Brown horses are nervous. But black horses are tough. They can face lions," Jo told me. Because black mustangs are so tough,* people usually hate them more than most horses.

Jo worked for another cattle rancher and did not have a lot of money. But his dream was to have his own ranch. He only had one cattle that he could mark with his brand. However each fall, when he got money from working all summer, he always gambled.* He lost his stuff* and his one cow. He kept on hoping to win at something. He needed to get that black

---

calf 송아지 mustang 야생마 colt 수망아지 tame 길들여진 lead away 꾀어내다, 데려가다 tough 억센, 강인한 gamble 도박을 하다 stuff 물건(들)

mustang.

Jo started to hear more and more about the young black horse. He was becoming famous for his speed.

Antelope Springs is in the middle of a great plain.* Sometimes the water is high and the lake is large. Other times, the water is low and there is a lot of dark mud. This was the favorite place to eat for the black mustang, but it was also where other horses and cattle ate.

Foster, the owner of a cattle ranching company had ten mares* (female horses), which were half wild. One of these was kept in the stable, but the other nine escaped from his ranch.

These nine horses walked twenty miles to the prairie* of Antelope Springs. Later that summer, Foster went to get them. He found them, but a coal black stallion* (a male horse) was guarding them. His deep black coat was opposite of* their golden coats. Usually, the mares were gentle, and would have been easy to bring home. The black stallion made them feel wild. When he ran, they followed him.

The men from the company wanted to shoot that black horse, but if they shot him, they might shoot the mares. Even after a long day, the black horse kept his family together. The cowboys had to go home as failures.* The worst thing was that soon the mares would be as wild as the mustang.

Animals that are unusually strong and powerful always attract* many other animals to them. And the great black horse, with his inky* mane* and tail and his green eyes, attracted many mares. Most were just cow ponies,* but the nine great

---

great plain 대초원 **mare** 암말 **prairie** 대초원 **stallion** 종마 **opposite of** ~의 정반대의 **failure** 실패, 실패자 **attract** 마음을 끌다 **inky** 새까만 **mane** 갈기 **cow pony** 목장용 조랑말

mares were there, too.

According to all reports, he guarded his mares with great energy and jealousy.* Once they joined his herd, they never left. So the cowboys hated him.

II

It was December of 1893. I had just moved there and I was working for Foster.

"If you see that black mustang, shoot him," Foster told me.

This was the first time I had heard of him. I was full of curiosity* to see the famous horse. On the next day, Jack, who was riding on ahead, suddenly dropped flat* on the neck of his horse.

"Get out your guns," he told us. "Here's that stallion."

I grabbed my gun, and hurried forward.* I saw the great black mustang. He had heard some sound of our approach* and was looking for us. He looked perfect, beautiful, and noble.* I could not think of shooting him. I hesitated.* Jack grabbed the gun from me and shot.

Instantly the herd came together and they began to run, leading by the black stallion. The stallion ran around his herd and drove them forward. As long as I could see the horses, he never slowed down. Jack complained* about me. But I would never shoot that horse.

III

There are several ways of capturing wild horses. One is by shooting him so the bullet* just cuts his side. This makes him stop moving so you can catch him.

"I've seen cowboys die trying to do that,"

said Wild Jo. "I've never seen someone catch a horse that way."

The fame* of the stallion was growing. Everyone talked about his speed and beauty. A local rich man promised to give one thousand dollars to someone who could catch the stallion alive. A dozen* young cowboys were eager to* win the money. But Wild Jo had been thinking of this horse for a long time. He spent all night getting the things he needed to catch the horse.

He used all of his money and borrowed* from his friends. He made a group of twenty good horses, a wagon, and supplies for three men for two weeks. He went with his partner Charley, and a cook.

They were going to walk down this wild horse. The third day, they arrived at Antelope Springs, and it was about noon. They were not surprised to see the black horse drinking with his herd. Jo hid and quietly watched the horses.

Jo then rode quietly forward. The black horse noticed him and led his herd away. Jo followed. He saw them again. He told the cook to take his horses south. Then away to the southeast he went after the mustangs. After a mile or two, he once more saw them. The horses began to run again. He kept chasing them like this until they were south near where the cook would be. Joe met his wagon and partner. After supper, they moved the wagon and camped.*

Meanwhile, Charley followed the herd. They were getting used to* his company.* The moon was bright and there was a white mare in the herd, so they were easy to find. Charley kept quietly walking after

---

fame 명성 **dozen** 12개 **be eager to** ~을 간절히 하고 싶어 하다 **borrow** 빌리다 **camp** 야영하다 **get used to** ~에 익숙해지다 **company** 동행

the herd until he could no longer see them. Then he went to sleep.

At dawn, Charley woke up and began following the herd again. At his approach, they started running again. But then they stopped to look at him to see what he wanted. For a moment or so they stood watching him. Finally, the black horse got up on his hind legs* and led the other horses away again.

Away they went, circling* now to the west. Jo was watching them run all morning. Using smoke signals,* he told Charley to come to camp, and with a pocket mirror* in the sun he made a response.* Jo got on his horse to chase the horses again. Charley went back to rest and eat.

All that day, Jo followed. At sundown,* he came to Verde Crossing, and there was Charley with a fresh horse and food, and

Jo went on chasing. All the evening, he followed, and far into the night. The wild herd was becoming more used to these strangers. Moreover,* they were tired of traveling. They were thirsty, hungry, and nervous. Jo finally camped that night.

At dawn, he found them. Though they ran at first, they did not go far before they dropped into a walk. They seemed to nearly win the battle* now. Chasing the herd for the first few days was the hardest part.

All that morning, Jo stayed near the herd. About ten o'clock, Charley switched* with Jo. The horses walked slower and with less spirit than before. At night, Charley had a fresh horse and followed as before. The next day, the

---

hind leg 뒷다리   **circle** 빙빙 돌다, 선회하다   **signal** 신호   **pocket mirror** 회중경, 주머니 거울   **response** 응답, 대답   **sundown** 해 질 때, 일몰   **moreover** 게다가   **battle** 전투   **switch** 전환하다, 바꾸다

mustangs walked slowly. They were not far from their chaser.*

The fourth and fifth days passed the same way, and now the herd was nearly back to Antelope Springs. So far all had come out as expected. The chase had been in a great circle. The wild herd was tired and the hunters had fresh horses and were fine. The herd was kept from drinking till late in the afternoon and then driven to the Springs to drink. Now was the chance for the cowboys to catch the horse.

There was only one problem. The black stallion, the cause of the hunt, never seemed to become tired. He tried to make the other horses run but they wouldn't. The white mare had already died. The half-wild mares were not afraid of the cowboys.

Here was a puzzle. Jo would not shoot the stallion. He had never seen the horse run slowly. His respect* for the horse only continued to grow. Jo even decided that he might not take the prize money.* Instead, he could breed* very fast horses.

But the time had come to finish up the hunt. Jo got his finest horse. She was a mare and Jo only had such a good horse because of a strange weakness. The loco is a poisonous weed* that grows in these regions. If an animal eats it, he or she will become addicted to* it.

Jo's best horse had a wild look in her eye that showed she was addicted. But she was fast and strong. Now they could easily bring the mares back home. But that black horse still had the look of untamed* strength. Jo got his rope ready and prepared to fight his worthy* enemy.

---

chaser 추적자 respect 존경, 존중 prize money 상금 breed 사육하다
poisonous weed 독초 addicted to ~에 중독된 untamed 길들여지지 않는, 야성의 worthy 훌륭한

Then he made his mare run as fast as she could at the black stallion. Away he went, and away went Jo. The tired mares watched him run by. Straight across the open plain, the mare went at her fastest run.

It was incredible,* and Jo made his horse run faster and faster, but she still could not catch up to the black horse. The black one took him through rocks and fields, and Jo saw that it was even further ahead than before. He pushed his mare again. She got nervous and was no longer careful. She stepped in a hole and stopped. Jo went flying off the horse. Though badly bruised,* he stood up.

He tried to get on his horse again, but her leg was broken. He killed the mare and took the saddle back to camp. This was not a true failure. They returned the mares to Foster's company and got paid. But Jo was more than ever determined to own the stallion.

IV

The cook on that trip was Thomas Bates. He used to claim* that he owned a lot of cows in the North. When asked to join the trip as a partner, Bates said that there was no money in horses this year. But every person that had seen the black horse could not help changing his mind.* He now wanted to own that mustang. He wasn't sure how he would own the horse until he had lunch with a man named Horseshoe* Billy.

"I was close enough to that horse to shoot him today," Billy told him.

"You didn't shoot?"

"No, but I almost did."

---

incredible 믿을 수 없을 정도로 놀라운 bruise 멍이 들다 claim 주장하다
change one's mind 마음을 바꾸다 horseshoe (말굽의) 편자

"Don't be stupid," said Bates. "That horse will have my mark before the month changes."

"You'll have to be fast or you'll find my mark."

"Where did you see him?"

"I was riding by Antelope Springs, and I saw a big lump.* I thought it was one of our cows, but it was a horse. It was the black stallion. He didn't smell and there were no flies. I realized that he was sleeping. I got my rope. But my rope was really old and my pony was much smaller than this horse. There was no way I could bring him home. So I stomped* on the ground really hard. He jumped nearly six feet in the air. He started running straight toward California."

Everyone believed Billy because they thought he was reliable.* Of all those who heard, Bates talked the least and probably thought the most. He had a new idea. After dinner, Bates and Billy decided to be partners to catch the horse. The prize money was now $5,000.

Antelope Springs was still the usual place where the horse drank. At two places, mud cut through the lake. Animals used these trails. In the more used of these trails, the two men dug a hole 15 feet long, 6 feet wide and 7 feet deep. It took them twenty hours to dig. They covered the pit* with plants and dirt.* Then they waited and watched.

About noon the black horse came alone. The trail on the opposite side of the mud belt* was little used. They expected the horse to walk over the pit.

Nevertheless,* the black horse walked over the little used trail. He walked calmly

---

lump 덩어리 stomp 발을 구르다, 쿵쿵거리며 걷다 reliable 믿을 수 있는 pit 구덩이 dirt 흙 belt 지대 nevertheless 그럼에도 불구하고

to the water and drank. When he lowered his head for his second drink, Bates and Billy ran toward the horse. They shot the ground. The horse jumped and ran. He ran toward the trap. But for some reason, he decided to jump. He jumped over the hole and he never returned to Antelope Springs.

V

Wild Jo always had energy. He was determined to catch that mustang. He planned to catch the horse the same way a coyote catches a rabbit. Jo knew the land that the horse traveled through. He never traveled away from a certain area. Antelope Springs was the place he spent most of his time. Jo knew all the places where the horse drank.

Jo got men on different horses to wait at points all over the land where the black stallion lived and traveled. On the day of the start, Jo, with his wagon,* drove to Antelope Springs. He waited. At last, the horse came. He smelled the air. Then he started drinking.

Jo watched. The moment the horse turned, Jo made his horse start running after him. He heard the horse behind him and started running south. The horse led him through sand. Jo lost a lot of time because his heavier horse sank* in the sand and could not run fast.

But on they went, and Jo did not quit.* Jo knew where he could stop and get a new horse. He kept running. But the horse kept running further and further ahead. At last Jo reached Arriba Canyon. There he could get a new horse and he started racing after the black stallion again. The horse was

---

wagon 마차 **sink** 빠지다 **quit** 그만두다, 멈추다

even further ahead now.

On and on, they kept the same rhythm, and Jo yelled at his horse and pushed him on and on.* Finally Jo saw a way to cut the black stallion off.* He turned to the left and raced as hard as he could. With his gun, he shot the ground to force the horse to run where he wanted it to go.

The stallion crossed Jo's path and he jumped off his horse. Jo's horse was dead. Jo was exhausted and he couldn't see because of the dust. He motioned* to his partner. His partner started chasing the black horse on a new horse. The black stallion had white foam* around his mouth. He was tired, but he still ran. This man couldn't catch the horse.

Then a young boy rode on a new horse and began chasing the horse west. He failed. The next boy hurt his horse as he jumped on it. His horse fell and died. The boy escaped, and the wild black horse kept on.

This was close to old Gallego's ranch, where Jo was waiting to chase the stallion again. Jo tried to chase the horse west where there were other men and horses waiting, but the black horse suddenly turned north. The sun was hot. Jo's face and lips were burnt, but he kept chasing the horse. The only chance to win would be if he could drive the mustang back to the Big Arroyo Crossing. Finally the black horse looked weaker. But he still ran ahead of* Jo.

An hour and another hour, and still they ran. It was almost night when they came to Big Arroyo. Jo got on the waiting horse. The other horse went to the stream* and died. The black horse only drank a little. Then Jo was chasing him again.

---

on and on 계속해서 **cut A off** A를 중지시키다 **motion** 동작하다 **foam** 거품 **ahead of** ~의 앞에 **stream** 개울

It was morning when Jo came to camp on foot. Eight horses died and five men were exhausted.* The black horse was still free.

"No one can catch him," said Jo. He gave up.*

VI

"That mustang will be mine," Bates decided.

The horse was wilder than ever. But he still came to Antelope Springs almost every day at noon to drink. His life would have been a lonely one all winter without his mares. The old cook decided to ride a nice little brown mare, and he took a rope and other tools* to the famous springs. A few antelopes and cattle were drinking. The prairie birds were singing. It was springtime and all the animals were looking for a mate.

Bates left the little brown mare next to the Springs. She ate grass and smelled the air. Bates studied the land. The hole he had dug was now filled with mice. He found another muddy* place. He sunk a pole* deep into the ground and tied the mare to* the pole. She couldn't move far from there. Then he put his rope around where she was. He covered it in dirt.

About noon, after long waiting, the black horse finally answered the mare's call. He carefully came down to the mare. He called a few times, and she called back to him.

As he came nearer, he became nervous. He walked in circles. But the brown mare called again. He wanted to stay with her. He touched her nose with his own. He walked in circles again. His legs got close

---

exhausted 지친, 기진맥진한 give up 포기하다 tool 도구, 장비 muddy 질퍽한, 진흙투성이인 pole 말뚝, 기둥 tie A to B A를 B에 묶다

to the rope. Suddenly he touched the rope. It wrapped* around his leg and he was caught.

The horse tried to jump in terror, but he fell on the ground. Bates came out of his hole. This creature's strength was nothing compared to* Bates's cleverness. The horse struggled* to be free but he couldn't break away.* The rope was strong.

Bates threw a second rope around the horse. He tied all of the horse's feet together. He struggled until he was exhausted. Bates suddenly felt strange. He nervously shook as he gazed at* the huge horse. But the feeling passed. He put a saddle on the mare. He was about to bring the horse home. Then he remembered that he hadn't marked the horse. But his branding iron* was miles away.

Bates went to his mare. One of her horseshoes was loose.* He made a fire and got the horseshoe hot. He pressed* the hot shoe to the black horse's body and burned his mark into his flesh.* Bates untied* all the ropes except for the ones around his front legs. The horse kept trying to run away, but, he kept falling. But the wild horse would not give in.* With terror and rage he tried and tried to get away. The horse became covered with blood and foam as Bates chased him home. Bates drove him north, and every step was a fight.

Finally, Bates could see the ranch house. The man cheered,* but the mustang gathered his remaining strength for one more run. He ran up the grassy* hill, the rope was still around his front legs. He jumped one last time and fell over the cliff.* There his body lay—dead but free.

---

wrap 감싸다 compared to ~와 비교되는 struggle 몸부림치다 break away 벗어나다 gaze at ~을 응시하다 branding iron (낙인찍는) 쇠 도장 loose 헐거운 press 누르다 flesh 살 untie 풀다 give in 굴복하다 cheer 환호하다 grassy 풀로 덮인 cliff 절벽

Story 07

Wully, the Story of a Yaller Dog

울리는 자칼을 닮은 누렁이다.
울리는 양치기 개로 훈련 받지만 어릴 적에 주인에게 버림받는다.
2년 후 새 주인을 만난 울리는 충실하게 양 치는 일을 하지만
얼마 후 마을의 가축들이 밤새 죽임을 당하기 시작한다.

Wully was a little yaller dog. A yaller dog is not the same as a yellow dog. He is a mixture of all breeds* of different dogs. In fact, he looks like a jackal,* which is the ancestor* of dogs. This kind of dog is wise, active,* and tough. He is better at surviving* than any other dog.

If we left a yaller dog, a grayhound,* and a bulldog on a desert island, which of them after six months would be alive and well? Of course it would be the yaller dog. He is not fast like a grayhound, but he does not have his skin disease,* either. He does not have the strength of a bulldog, but he has common sense.*

Sometimes this dog looks very much like a jackal. He has pointed ears. Beware of* him then. He is cunning and can bite like a wolf. There is something strange and wild about him, too.

I

Away up in the Cheviots, little Wully was born. The owners kept him and his brother because they were beautiful puppies. In his early life, he was trained as

breed 품종   jackal 자칼   ancestor 조상   active 활동적인   survive 생존하다   grayhound 그레이하운드(날렵하게 생긴 아주 빠른 개)   skin disease 피부병   common sense 상식   beware of ~을 조심하다

a sheepdog by a collie* and a shepherd.* By the time he was two years old, Wully knew all about sheep. Old Robin, his master, would stay at the tavern* all night while Wully guarded* the sheep. He was a very bright little dog with a great future.

His weakness was that he loved Robin too much. Robin was lazy and stupid, but he was kind to Wully. So he loved him. Wully could not have imagined anyone greater than Robin. But Robin actually worked for another man. He hired Robin cheaply to herd* the sheep and cattle.

One day, the sheep were herded up near a factory. The sky was filled with dark black smoke. The sheep thought that they recognized* a storm. They became scared and ran in 374 different directions.* Robin stared stupidly* after the sheep for half a minute.

"Wully, go get them," he said finally.

Then he sat down and started knitting* his sock.

To Wully, the voice of Robin was the voice of God. Away he ran in 374 different directions, and he brought all the sheep back to Robin, who was still knitting. The old shepherd counted them—370, 371, 372, 373.

"Wully, one is missing,*" said Robin.

Wully, feeling shame,* ran off to search the whole city for* the missing one. A boy told Robin that he had counted wrong, and there were 374 sheep. Robin was told to get back home quickly, but Wully would not return until he found another sheep. He might even steal another sheep.

Robin was afraid of losing his money for that week. Wully was a good dog, but he

---

collie 콜리(양치기 개) shepherd 양치기 tavern 술술집 guard 지키다
herd (짐승을) 몰다 recognize 인식하다 direction 방향 stupidly
멍청하게 knit 뜨개질하다 missing 사라진, 잃어버린 shame 수치, 부끄러움
search for ~을 찾다, 수색하다

didn't want to lose his job. He decided to leave Wully and go alone with the sheep.

Meanwhile, Wully ran through miles of streets hunting for his lost sheep. At the end of the day, he came back, tired and hungry. He saw that his master was gone. In his sorrow,* he searched everywhere and cried. The next day, he continued his search. He went to all the taverns. Then he decided to smell everyone that got on the ferry.*

The ferry makes fifty trips a day, with an average* of one hundred persons a trip. However, he smelled all 10,000 legs that day. And the next day, and the next, and all the week, he smelled and did not eat. He became thin and nervous. No one could touch him.

Day after day, week after week, Wully watched and waited for his master, who never came. The ferry men learned to respect* Wully's loyalty.* At first he would not take their food and shelter,* but when he got too hungry, he accepted* finally. He was bitter* against everything except his useless* master.

Fourteen months later, I met him. He was still looking. He was again a good-looking dog. For ten months I tried to speak to him and call him, but he didn't care. For two whole years this loyal dog waited by the ferry. He could have gone back the hills, but he really believed that his master wanted him to wait there.

But he sometimes crossed the waters on the ferry. After two years, he must have smelled 6,000,000 legs. But it was for nothing. We never heard what happened* to Robin. One day, a tough drover,* a man

---

sorrow 슬픔 ferry 연락선 average 평균 respect 존중하다, 존경하다
loyalty 충성심, 충직함 shelter 안식처, 피신처 accept 받아들이다 bitter
매서운, 혹독한 useless 쓸모없는 happen 일어나다 drover (소, 양 등의)
몰이꾼

who drives cattle and sheep, got on the boat. Wully smelled him and suddenly he growled* and stared at him.

"What are you doing to that dog?" asked the ferry man.

"Don't yell at me!" he said. "He's growling at me!"

Then Wully changed. His tail began to wag.* Dorley, the drover, had known Robin very well, and the mittens* and comforter* he wore were made by Robin. Wully decided to follow Dorley. Dorley was well pleased to take Wully to his home and flock of sheep in Derbyshire.

II

Monsaldale is one of the most famous valleys in Derbyshire. The Pig and Whistle was an inn* owned by Jo Greatorex, the landlord.* He was very wise.

Wully's new home was east of the valley

above Jo's inn. His master, Dorley, farmed and had a large number of sheep. Wully guarded these sheep wisely. He hated strangers too much, but he guarded sheep better than any other dog in Derbyshire that year.

Because the land was very rocky, it's hard to hunt foxes there. In the year 1881, a cunning old fox began to steal sheep, and the dogs were unable to catch him. The fox always led the hounds to a rocky* place called the Devil's Hole. So they called him the Devil's Fox.

He continued to kill more and more sheep. Digby lost ten lambs in one night. Carroll lost seven the next night. Later, all the ducks in the duck pond were killed. Every night someone lost their sheep or chickens. He was a very large fox. He was

---

growl 으르렁거리다 wag 흔들리다 mitten 벙어리장갑 comforter 양모 목도리 inn 여인숙 landlord 집주인, 땅 주인 rocky 바위투성이의

never clearly seen, even by the huntsmen.*
Even Thunder and Bell, two of the biggest
hounds, hated to follow his trail.

The fox was known as crazy, so hunters
and hounds would not go where he lived.
The farmers in Monsaldale, led by Jo,
agreed that when the snow came, they
would together look for that fox and kill it.
But the snow did not come. The fox was
smart. He never came to the same farm
twice in a row.* He never ate where he
killed, and he never left a trail.

Once I saw him. I was walking to
Monsaldale from Bakewell late one night
during a heavy storm. Lightning* struck,
and for a second, I could see a large fox
staring at me with evil eyes and licking* his
mouth. The next morning were found the
bodies of twenty-three sheep.

Only Dorley never lost a sheep to this
fox. Wully brought them all home every

night. Everyone had deep respect for him, but Wully became more moody* and angry. He seemed only to like Dorley and Huldah, Dorley's eldest daughter. He tolerated* the rest of the family and hated everyone else in the world.

One time I was walking behind Dorley's house. I saw Wully watching me silently. I came up near him and stepped on Dorley's grass. Instantly,* but without a sound, he grabbed* my left heel.* I kicked, but he escaped. I threw a rock at him. He barked but walked away.

But Wully was always gentle with Dorley's sheep. He courageously* guarded and protected* his flock.

---

huntsman 남자 사냥꾼 in a row 연속해서, 계속해서 lightning 번개 lick 핥다 moody 변덕스러운 tolerate 참다, 견디다 instantly 즉시 grab 붙잡다 heel 뒤꿈치 courageously 용감하게 protect 보호하다

III

The snow finally came in late in December. Poor Widow Cot lost her entire* flock of twenty sheep. With guns, farmers followed the footprints* of that enormous* fox. They got to the river and lost the fox's trail.

They found it again very far upstream.* But from there, he had walked along a stone fence, so they lost his trail again. But the patient* hunters continued to look for the trail. Finally, they found that the fox had gone toward Dorley's farm.

That day the sheep were kept inside because of the snow, and Wully was lying out in the sun. As the hunters came to the house, he growled and went to the sheep. Jo Greatorex walked up to the fresh snow that Wully had crossed. He looked confused.*

"Boys, we've got lost of the fox. But

here's the killer of the widow's sheep."

Some agreed with Jo, but others didn't. Dorley came out of the house.

"Mr. Dorley, your dog killed twenty sheep last night," said Jo. "I don't think it's the first time."

"You're crazy," said Dorley. "He loves sheep."

"No! We saw what he did last night," replied Jo.

They told Dorley about what they found. He wouldn't believe them.

"Wully sleeps in the kitchen every night. He isn't outside at night. He is with our sheep all year, and we've never lost one."

The men became angry at each other. Finally, Huldah gave a suggestion.*

"Father, I'll sleep in the kitchen tonight. If Wully has a way of getting out of the

---

entire 전체의 footprint 발자국 enormous 거대한 upstream 상류로
patient 인내심 있는 confused 당황한, 혼란스러운 suggestion 제안

kitchen, I will know. If not, and more sheep die, we will know it's not him."

That night, Huldah slept in the kitchen, and Wully slept, as usual, underneath* the table. The dog kept getting up and moving. At about two o'clock, he got up quietly, looked toward the low window, and then at the motionless* girl. Huldah lay still and breathed as though she was sleeping. Wully smelled her and touched her, but she didn't move. He walked quietly to the window. He pushed open the light window with his paws. Then he disappeared* into the darkness.

From her couch,* Huldah watched in amazement.* After waiting for some time to make sure that he was gone, she went quietly to the window and looked out. She couldn't see Wully. She went back to the couch and waited for the dog to come home. Another hour passed. She heard a sound at the window, which made her heart jump. Wully was back in the kitchen, and the window closed behind him.

Huldah could see a strange, wild light in his eye. He was also covered with fresh blood. The dog looked at the girl, but she did not move. He started to lick the blood off of his body. Huldah had seen enough. There could no longer be any doubt that Jo was right. Wully was the strange, big fox.

"Wully! You terrible* dog!" she exclaimed.*

His eyes were wild, but he put his head down in shame. Slowly, he crawled nearer and nearer, as if to lick her feet. Then suddenly he jumped at her throat. The girl blocked* him with her arm. He bit her

---

underneath ~ 밑에   motionless 움직이지 않는   disappear 사라지다
couch 소파   amazement 놀라움   terrible 끔찍한   exclaim 외치다
block 막다

deeply.

"Help! Father!" she screamed.

She threw Wully to the side.

"Father!" she screamed. The dog began biting the hands that had given him food. Finally, Dorley ran to the kitchen. The dog ran straight at him. While he bit him, Huldah grabbed the iron stick* next to the fireplace.* After two quick hits, the dog was down. He shook, and finally, brave, bright Wully was dead.

Story 08

Redruff, the Story of the Don Valley Partridge

레드러프는 목도리들꿩 가족의 맏이로 태어난다.
어미의 헌신적인 보살핌에도 불구하고 형제들은 모두 죽고
레드러프만 혼자 붉은 목털을 지닌 멋진 목도리들꿩으로 자라나
예쁜 암컷을 만나고 가정을 꾸린다.

I

A Mother Partridge* led her children to a river called Mud Creek.* Her little ones were one day old but already fast. Their mother was taking them for the first time to drink.

---

iron stick 쇠막대 **fireplace** 벽난로 **partridge** 목도리들꿩 **creek** 개울

She walked slowly, for the woods were full of enemies.* She spoke softly to the fluffy* little babies that followed her on tiny pink legs. There were twelve of them, but the mother watched them all, and she watched every bush* and tree and the whole woods and the sky. In the forest* there were few friends and lots of enemies. Away across the meadow* was a fox. He was coming their way.

"Krrr! (Hide!)" cried the mother, and the little babies scattered* to hide. One hid under a leaf, another between two roots, a third crawled* into a hole, and so on. All were hidden except for one. He stopped moving and closed his eyes tightly.*

Mother Partridge flew straight toward the beast,* and then she threw herself on the ground. She shook and cried. What was she doing? The fox ran to her. She jumped up. He followed with another jump. He would have grabbed her this time, but she jumped behind a log.* He kept following her and trying to bite. But each time she jumped, she got farther and farther away from him. It was most extraordinary.*

He chased her all through the woods. The fox became confused and ashamed.* Why couldn't he catch this silly bird? It was also not the first time he had fallen for this trick.* Meanwhile,* Mother Partridge came back to where she had left her babies.

Wild birds have a very good memory* for places. She was glad that her babies knew how to hide well. Even when they heard her step, they did not move.

"K-reet! (Come, Children!)" As soon as the mother said like a fairy story,* baby

---

enemy 적 fluffy 솜털로 뒤덮인 bush 덤불 forest 숲 meadow 목초지 scatter 흩어지다 crawl 기어가다 tightly 꽉, 단단히 beast 짐승 log 통나무 extraordinary 이상한, 평범하지 않은 ashamed 창피한 trick 속임수 meanwhile 그동안, 한편 memory 기억 fairy story 동화

partridges came out of every hole. They all ran to their mother and hid under her wide, beautiful tail. They peeped* happily and softly to each other. The sun was hot now. The mother gathered her babies under the shadow* of her tail. This was to protect them from the dangerous sunrays* until they reached a bush by the river.

Here a rabbit jumped up and scared the babies. But he was an old friend. Rabbits and partridges never fight. At first the little birds didn't know how to drink, but they copied their mother and soon learned to drink like her. There they stood in a row* along the edge,* twelve little brown and golden balls on twenty-four little pink-toed feet. They gave thanks to their mother.

Then she led them carefully to the far side of the meadow, where there was a great grassy* dome.* The mother partridge needs these domes to raise her babies, for this was an ants' nest. The mother stood on top of the dome. She scratched with her feet. The ants came running out of the broken hill.

They went crazy, running back and forth. The mother partridge, coming to the little ones, picked up one of these juicy-looking* bugs* and ate it. The young ones watched until the yellow one picked up an ant and swallowed* it. So they learned to eat. Within twenty minutes, they had eaten so many ants that their bellies* were completely* full.

Then they all went carefully up the stream, and on the sand. They learned how pleasant it was to feel cool sand on their hot little toes. They copied their mother by lying on their side and flapping* their little arms that would one day be wings. That night she took them to a dry place with lots of dead leaves so she could hear if an enemy approached.* They cuddled* under the warm wings of their mother as they slept.

II

On the third day, the chicks were much stronger on their feet. They could walk over pinecones* and acorns.* Wing feathers also seemed to be growing on their arms. They knew how to hide and to follow their mother naturally.* However, they learned how to hide under her tail when the sun was strong. As they grew older and bigger, they learned more things.

More than a week later, almost all the babies had full feathers on their little wings. Poor little Runtie had been sickly* from when he was born. He had carried part of his shell long after he had hatched.* He ran less and cried more than his brothers. On one evening, a skunk came.

"Kwit, kwit! (Fly, fly!)" said the mother. Runtie was left behind. They never saw him again.

Meanwhile, their training had gone on. They knew that the finest grasshoppers lived next to the river. From the currant* bushes, they could get smooth* green worms. They knew that strawberries, though not really insects,* were delicious. If they could catch butterflies, they were tasty.* They had learned, also, that wasps,* and centipedes* were no good to eat.

It was now July, the best month to find

---

flap 파닥거리다 approach 다가오다 cuddle 꽉 껴안다, 새우잠을 자다
pinecone 솔방울 acorn 도토리 naturally 자연스럽게 sickly 병약한
hatch 부화하다 currant 까치밥나무 smooth 매끄러운 insect 곤충
tasty 맛 좋은 wasp 말벌 centipede 지네

berries. The chicks were now so large that their mother had to stand all night to cover them. They took their daily dust bath* in a place used by many different birds. It made their mother nervous to share. However, the children led the way with such enthusiasm* that she let them go.

After two weeks, the little ones began to look sick, and she herself did not feel very well. They were always hungry, and though they ate enormously,* they grew thinner and thinner. The mother felt hot and weak all the time. She never knew the cause.* She could not know that the dust of the much used dust bath was filled with parasitic* worms.

No natural feeling is without a purpose. The mother bird's knowledge of healing came naturally. Suddenly, she wanted to eat from the deadly* sumac tree* with its poison* fruit. She ate and ate the terrible-tasting and burning berries* from the tree. All her family joined in the strange feast.* No human doctor could have given a better cure.* They all became sick, but the worms were killed. However, it did not work for all of them.

The weakest two could not be cured this way. They drank and drank by the stream. The next morning, they did not move when the others followed the mother. The skunk who had eaten Runtie found their bodies and ate them. He died of the poison.

Seven little partridges now followed the mother's call. Their individual* characters* were different and showed. The weaklings* were gone, but there was

---

dust bath 흙 목욕 enthusiasm 열광 enormously 엄청나게 cause 원인; 원인을 초래하다 parasitic 기생하는 deadly 치명적인 sumac tree 옻나무 poison 독 berry 산딸기류 열매 feast 연회 cure 치유법, 치유제 individual 각각의 character 성격, 기질 weakling 허약한 사람(동물), 약자

still a fool and a lazy one. The mother's favorite was the biggest. He was the one that could not find a hole to hide in on that first day. He was the biggest, strongest, and handsomest. He always answered his mother's danger call the fastest. As a result,* he lived the longest.

August passed, and the babies were three quarters grown. They thought they were wise. They were too big now to sleep under their mother. She began to teach them adult things. It was time to sleep in the trees. The young weasels,* foxes, skunks, and minks were beginning to run. The ground grew more dangerous each night, so at sundown,* Mother Partridge flew into a thick, low tree.

The little ones followed, except one, the little fool who slept on the ground. It was all right that time, but the next night his brothers heard his cries. They looked down* into the terrible darkness below and saw a mink eating their fool brother.

Six little partridges now sat in a row at night with their mother in the middle.*

Their education went on, and this time, they were taught 'whirring.'* Whirring is flying up and making a lot of noise. It warns all other partridges near that danger is near. It also can make a hunter or fox nervous. During every part of the year, there were new enemies and food. September came, with seeds* and grain* instead of berries and ants. Now there were hunters instead of* skunks and minks.

The partridges knew well what a fox was, but they had never seen a dog. A fox they knew was made easily confused*

---

as a result 결과적으로　**weasel** 족제비　**sundown** 일몰　**look down** 내려다보다　**in the middle** 가운데에　**whirring** 씽씽 소리 내기　**seed** 씨, 씨앗　**grain** 곡물, 낟알　**instead of** ~ 대신에　**confused** 혼란스러운

by going up a tree. When a hunter, Old Cuddy, came with his yellow dog, the mother saw the dog.

"Kwit! (fly!)" she said. Two of the babies thought their mother was being silly.* They went up the tree.

Meanwhile, the strange yellow fox came under the tree and barked at them. They laughed at it. Bang! Bang! Down fell two bloody* partridges. The hunter collected* their bodies.

III

Cuddy lived in a poor house north of Toronto. He had no wealth,* no taxes,* no social life,* and no land. His life had very little work and a lot of play. He was fond of* hunting, and he loved to shoot small animals. The neighbors found him annoying.* He hunted the whole year, but he loved the taste of partridges. It was against the law to hunt partridges before September 15th, but Cuddy often started two weeks early. However, he escaped punishment* year after year.

He preferred* to shoot birds in the head. This was not easy when the trees had many leaves. After he shot the two partridges, he did not see the rest of the family. So he took the two birds to his home. The little partridges thus learned that a dog is not a fox. They had to run away from them differently.*

The rest of September was passed by keeping quietly away from hunters and from some old enemies. They still sat on the long thin branches of the hardwood trees* among the thickest leaves, which protected them from enemies in the air.

---

silly 바보 같은, 멍청한 bloody 피투성이의 collect 모으다 wealth 재산 tax 세금 social life 사회생활 be fond of ~을 좋아하다 annoying 귀찮은, 성가신 punishment 처벌 prefer 선호하다 differently 다르게 hardwood tree 활엽수

The height* saved them from enemies on the ground. They could hear slow raccoons* coming in time to fly away.

But the leaves were falling now. This was nut* time, and it was owl time, too. Barred owls* came down from the north. The nights were getting cold, and the raccoons were less dangerous, so the mother had them all sleep in the hemlock tree.*

Only one of the babies ignored* his mother. He slept in the elm tree,* and a great yellow-eyed owl ate him before morning. Mother and three young ones now were left, but they were as big as she was. Her favorite was bigger than her. Their ruffs* had begun to grow. The pretty feathers on the heads of the partridges are called ruffs.

It is a partridge's great beauty and his pride. A female partridge has a black ruff that shines* green in the sunlight. A male partridge's is bigger and greener.

Once in a while,* a partridge has a ruff that is very large and shines green, copper red,* and gold. The mother partridge's favorite little partridge had a beautiful gold and copper red ruff. He was now Redruff, the famous partridge of the Don Valley.

IV

One day in mid October, the family heard guns far away. Redruff leaped* on the log and walked up and down a couple of times. He whirred his wings. He beat* his wings again and again. He found that he was drumming and making a very loud noise. His brother and sister heard and looked on* him with awe.* His mother felt

---

height 높이 **raccoon** 미국너구리 **nut** 견과 **barred owl** 아메리카올빼미
hemlock tree 침엽수 **ignore** 무시하다 **elm tree** 느릅나무 **ruff** 목털
shine 빛나다 **once in a while** 가끔, 때때로 **copper red** 구릿빛 **leap** 뛰어오르다 **beat** (날개를) 치다, 퍼덕이다 **look on** 관찰하다 **awe** 경외감

a little afraid of him.

In early November, all partridges feel as if they must go somewhere. And the wisest of them do all sorts of foolish things. They go flying very quickly at night and sometimes they hit lights or wires. In daylight, they go to many strange places. This makes the birds go far from their families and stops them from mating with their brothers and sisters.

Redruff's mother knew it was coming as soon as she saw red and gold leaves on the maple trees.* There was nothing to do but care for their health and keep them in the quietest part of the woods.

The first sign of it came when a flock of wild geese* flew by. The young ones were afraid of them. But seeing that their mother had no fear, they watched them with interest. They had a strange longing to* follow them. They watched them from high trees.

The little family was scattered. Redruff himself flew on several long night journeys. He went south to Lake Ontario. Then he turned back again to Mud Creek Glen. Now he was alone there.

V

It was hard to find food in the winter. In November, there was madness,* loneliness,* and grapes. December brought white snow. The next month, the stormy* month, brought ice storms. Redruff's beak became less sharp as he had to dig at the ice. During this month his claws grew long, which made it easier to walk in the snow. The cold weather kept his enemies away.

As he searched for food, he flew farther

---

maple tree 단풍나무   wild goose 기러기   long to ~을 간절히 바라다
madness 광기   loneliness 외로움   stormy 폭풍우가 몰아치는

and farther away. He flew to Castle Frank, with its grapes and berries. For some strange reason, men with guns did not go within the high fence of Castle Frank. So he lived his life, learning new places and new foods, and grew wiser and more beautiful every day.

He was quite alone, but he didn't care. Wherever he went, he could see the jolly* chickadees.* He remembered how big they looked to him when he was a baby. The silly birds sang cheerfully* the whole winter. February was known as the hunger month. At the end of this month, the sun gained strength and melted the snow from Castle Frank Hill. Now Redruff could eat many berries again.

Very soon the first bluebird* came flying over. The sun kept getting stronger. Early one day in March, there was a loud 'Caw, caw,' and Old Silverspot, the king-crow, came flying from the south. This was New Year for the birds. The chickadees went simply wild. They sang a song called 'Spring Now!' over and over again.*

Redruff felt full of energy. He jumped on a stump. There, he drummed loudly. It sounded like thunder* through the whole forest. Down the valley was Cuddy's house. He heard the drum-call and realized that there was a big partridge in the woods. He got his gun and went quietly into the woods. But Redruff flew away silently.*

He found the log where he had first learned to drum. A small boy heard the noise and ran home to his mother in fear. He thought a war was coming!

Redruff did not know why he got on the log every day and drummed

---

jolly 쾌활한 chickadee 박새 cheerfully 즐겁게 bluebird 파랑새 over and over again 계속해서 thunder 천둥 silently 잠자코, 조용히

and thundered to the woods. After he drummed, he liked to walk in the sun. His beautiful tail and ruff shone like jewels.*
He wished that there was someone to see his beautiful feathers.

"Thump, thump, thunder-r-r-r-r-r-rrrr."

"Thump, thump, thunder-r-r-r-r-r-rrrr."

He drummed again and again.

Day after day, he drummed on his favorite log. A rose-red comb* grew out above each of his clear eyes, and his feet lost the clumsy* snow shoes. His ruff grew finer and his eye brighter. He was so beautiful now. But he was so lonely!

He drummed and drummed until early May. His log was covered in tiny silver flowers. Suddenly he heard something moving in the bushes. He stopped moving and watched. Could it be possible? Yes!

There was a shy little lady partridge, trying to hide. In a moment, he was by her side. He spread* his beautiful feathers. The sunlight shone on them.

He walked next to her and made soft noises. After a few moments, he clearly won her heart. Actually, she had been watching him drum for days. She was a little annoyed because he didn't find her sooner. She bowed* her head with shyness* and grace.* Redruff had finally found his spring.

Oh, those were bright, glad days! The sun was never so bright. The pine trees smelled so good! And that great noble bird came daily to his log, sometimes with her and sometimes quite alone. He drummed with joy! Why was he alone sometimes? Why didn't she always come with him?

---

jewel 보석 comb 볏 clumsy 모양 없는 spread 활짝 펴다 bow 절하다
shyness 수줍음, 부끄러움 grace 우아함, 품위

Her name was Brownie. One day she didn't come at all. He drummed on one leg and then the next. Still, she didn't come. But on the fourth day, when he loudly called her, he heard a sound in the bushes. There was his Brownie with ten little partridges following after.

Redruff ran to her side. How could she love them more than him? But he soon accepted the change and cared for them with love that his father never had for him.

VI

Good fathers are rare* in the partridge world. The mother partridge builds her nest and hatches out* her young without help. She even hides the place of the nest from the father and meets him only at the drum-log, at eating places or dust baths.

When Brownie's little ones hatched, they had filled her every thought. But on the third day, when they were strong enough, she had taken them with her to their father.

Some fathers take no interest in their little ones, but Redruff joined at once to help Brownie. They had learned to eat and drink just as their father had learned long before. The mother led the way and Redruff followed behind.

The very next day, as they went to the river together, the smallest baby, another Runtie, was in the back. Redruff was far behind, combing his feathers on a high log. A squirrel saw the family and was determined to eat the little one.

He ran at the family. Brownie could not have seen him until too late, but Redruff did. He ran at the squirrel. He smacked* him with his wings on the end of the nose,

---

rare 드문   hatch out 부화시키다   smack 찰싹 치다

his weakest spot.* The squirrel fell on the ground. The partridges left him lying there. They never saw him again.

The family went on toward the water, but a cow had left deep tracks in the sand. A baby fell in and couldn't get out. Neither parent seemed to know what to do, but as they walked around the print, the sand fell in the hole and the little bird could climb out.

Brownie was a bright little mother. She was small, but she was clever and cared for her chicks well. How proudly she stepped through the woods with her babies behind her! She was always ready to fight or fly from any enemy.

Before the babies could fly, they had a meeting with Old Cuddy. Though it was June, he was out with his gun. Redruff saw the dog coming toward Brownie. He led the dog on a chase away from his family.

But Cuddy came straight* for the family. Brownie told the little ones to hide. She tried to lead the man away just as her mate had led the dog. She ran silently close to him and jumped at his face. Then she fell down and pretended that her wing was hurt. At first the man was tricked.

Soon he realized that she was faking. He went to hit her. She jumped out of the way. He tried to hit her again and she moved away again. Cuddy raised his gun and fired right at Brownie. She exploded.*

This terrible hunter knew the young must be hiding near, so he looked to find them. But no one moved or made a noise. He saw none. He started stamping* his feet around. He crushed* a few of the little babies and didn't care. Redruff now returned to where he left his mate. The

---

spot 지점 straight 곧장 explode 터지다, 폭발하다 stamp 쿵쿵거리다, 발을 구르다 crush 으스러뜨리다, 짓이기다

murderer* had gone, taking her body. He was going to give it the dog. Redruff stared at the bloody spot and feathers.

Was he sad? Birds do not always show deep sorrow. He stared* for a few moments, confused. Then he called to his babies. Only six little babies came out to meet him. He called again and again, but the last four never came. He led them far away to a place with lots of brier and barbwire.

Here the family grew and were trained by their father just as his mother had trained him. He knew the country so well that he did not lose one baby during the summer. By the time September came, the six babies were all strong and healthy. He had stopped drumming during the summer after the loss of Brownie. But partridges live to drum! It is their song. So when he was happy again in September, he started drumming again.

From that time, he often drummed while his children sat around. Some of them tried to copy their father. The black grapes and November came. But his family was strong. Three of them flew away before winter.

Redruff was living with his remaining* three children when it began to snow. It was light snow, and as the weather was not very cold, the family lived under a cedar tree.* But the next day the storm continued. It grew colder. So Redruff, and the family made holes in the snow. The snow was like a warm blanket. Redruff woke them up in the morning.

The next night they happily dived again into* bed. But the weather changed in the night. It rained instead of snowing. The

---

murderer 살인자 stare 빤히 쳐다보다 remaining 남아 있는 cedar tree 삼나무 dive into ~로 뛰어들다

whole wide world turned to ice. When the family woke up, they were sealed* under the ice. Redruff tried to break out. But he became tired and hurt his beak and head. He heard the calls of his struggling* family and kept trying to break free.

They were hidden from many of their enemies, but not from hunger. When the night came down, they were quiet and very hungry. At first they had been afraid the fox would come. Now they wished he would come and free them.

But if the fox really had come, they wouldn't have moved until he passed. On the second day, the wind blew hard. The ice on top of the birds became thinner. Redruff had pecked* and pecked, but he could not break free.

The night passed like the others. In the morning, he pecked again. The wind blew again during the day. Just before the sun went down, he had made a hole for his head. He pushed down and freed his whole body.

What about his children? Redruff quickly gathered some food to get energy. He called again but only got one reply. He pecked through the snow and his little Graytail weakly crawled out of* the hole. The others did not answer, and he did not know where they were. He had to leave them. When the snow melted* in the spring, only their bones* were left.

VII

It was long before Redruff and Graytail healed.* On a bright clear day in midwinter,* Redruff went drumming on the log. Cuddy heard the drumming and came with his dog and gun. Cuddy

---

seal 봉인하다, 밀폐하다　**struggling** 발버둥치는　**peck** 쪼다　**crawl out of** ~ 밖으로 기어 나오다　**melt** 녹다　**bone** 뼈　**heal** 치유되다, (병이) 낫다　**midwinter** 한겨울

knew those birds. They were famous, and many hunters had tried to kill the beautiful Redruff. But Redruff knew just where to hide, when to fly silently, and when to make a thundering noise to confuse* hunters.

But Cuddy never stopped following with his gun. He always failed, and Redruff kept living and drumming. In January, he moved with Graytail to the Castle Frank woods, where there was plenty of* food. There was a splendid* pine.* It was six feet taller than the other trees. During the summer, two bluejays* lived there. No one could shoot at the top of this tree. In the spring, the bluejay sang to his mate.

This great pine had a special interest for* Redruff. At the bottom of the tree, Redruff and Graytail could dig black acorns. When the hunter came to this tree, it was easy to whirr up to the top. A dozen times, the pine had saved them during the autumn. So here Cuddy, knowing the birds, laid a new trap.* He hid and watched the birds as his dog went to chase them.

Graytail suddenly saw the yellow dog coming. Redruff was farther away and could not see the dog.

"Kwit, kwit! (Fly, fly!)" she cried, running down the hill.

"Kreet, k-r-r-r! (This way, hide!)" cried the cooler Redruff, for he saw that now the man with the gun was coming. He went up the great trunk* and called to Graytail. Graytail cried, terrified,* as the dog jumped at her. She had flown away from the hunter and towards the dog.

Whirr, and a beautiful, noble bird went

up.

Bang, and down she fell. Her blood turned the snow red.

There was no safe way for Redruff to fly up. He hid down low. The dog came within ten feet of him, and Cuddy passed at five feet, but he never moved. Finally, he had a chance to slip* behind the tree and fly up to safety.

One by one, the deadly* cruel hunter had killed his loved ones, till now he was alone. January passed. Redruff had to escape every day. At last, he was the only survivor* of the partridges in the woods.

Cuddy made a new plan. Near where the bird ate, the hunter set a bunch of traps. A rabbit, an old friend, cut several of these with his sharp teeth, but some remained. Redruff was watching a hawk* far away when he stepped in one of the traps. His leg was caught.

Do the wild things have no moral or legal rights? What right does man have, to cause so much pain on another creature* simply because that creature does not speak his language*? All that day, with growing pains, poor Redruff beat his great, strong wings in helpless* struggles to be free. All day, all night, he was tortured.* He longed to die. But no one came. He hung there, waiting to die for another whole day. Finally a great owl heard him and kindly killed him.

The wind blew down the valley from the north. The snowy wind blew the famous rainbow feathers. And they rode on the winter wind that night, away and away to the south, over the dark lake. They rode till finally the last feathers of the last partridges in the valley disappeared.

---

slip 미끄러지다 deadly 극도의 survivor 생존자 hawk 매 creature 생명체 language 언어 helpless 속수무책인 torture 고문하다, 심한 고통을 주다

For now no partridge comes to Castle Frank. Its birds miss the spring drumming, and the old log has rotted away.*

---

rot away 썩어 없어지다

전문 번역

로보, 커럼포의 왕

I

p.14 커럼포는 뉴멕시코 주 북쪽에 위치한 커다란 소 방목장이다. 그곳은 많은 평야와 깨끗한 강이 있는 비옥한 땅이다. 그리고 이 땅의 힘 있는 왕은 늙은 회색 늑대였다.

멕시코 사람들은 이 늑대 왕을 로보 영감이라고 불렀다. p.15 그 녀석은 회색 늑대 무리의 거구의 대장이었다. 양치기나 농부들은 모두 그 녀석을 잘 알았다. 그 녀석이 다른 늑대들과 함께 나타나는 곳마다 소들은 두려워서 숨었다.

로보 영감은 거대하고 교활하고 힘이 셌다. 그 녀석의 목소리는 다른 늑대들의 목소리보다 크고 우렁찼다. 보통 늑대가 울부짖었다면 양치기들이 신경 쓰지 않았을 것이다. 하지만 로보가 울부짖으면 양치기들은 자기들의 동물들 중에 많은 수가 곧 죽을 거라며 두려워했다.

로보 영감의 무리는 소수였다. 아마도 로보가 많은 늑대들을 겁주어 쫓아버렸을 것이다. 로보는 단지 다섯 마리의 추종자만 두고 있었다. 하지만 이 녀석들 각각도 거대하고 특별했다.

제2인자는 몸집이 매우 컸지만, 그 녀석조차도 로보보다는 작고 약했다. p.16 다른 늑대들 중 한 마리는 멕시코 사람들이 블랑카라고 부르는 아름다운 하얀 암컷 늑대였다. 또 다른 늑대는 매우 빠르게 달리고 영양을 잡을 수 있는 누런 털의 늑대였다.

모든 카우보이와 양치기가 그 늑대들을 알고 있었고 그들을 죽이고 싶어 했다. 하지만 무슨 짓을 한다 해도 그들은 로보와 그의 패거리를 죽일 수가 없었다. 그들은 모든 사냥꾼으로부터 숨었고, 독약을 먹지 않으려고 했으며, 5년 동안 계속해서 카우보이들의 소를 먹어치웠다. 그 무리는 2천 마리의 소를 죽였고 언제나 가장 양질의 소들을 죽였다.

이 늑대들은 아프지도, 굶주리지도 않았다. 그 녀석들은 아름답게 반짝이는 털을 가지고 있었고 가장 좋은 음식만 먹었다. 자연사하거나 병에 걸린 동물은 어떤 것이라도 먹으려고 하지 않았다. 그 녀석들은 늙은 소는 결코 죽이지 않았고 말은 좀처럼 죽이려고 하지 않았다. 양을 자주 죽이기는 했지만 그 녀석들은 죽인 양을 먹을 생각이 없는 경우가 종종 있었다. p.17 1893년 11월의 어느 날 밤 블랑카와 누런 털의 늑대는 250마리의 양을 죽였지만, 그 양들 중 어떤 것도 먹지 않았다.

매년 사람들은 여러 가지 다양한 방법으로 그 늑대들을 죽이려고 애썼지만, 한 번도 성공하지 못했다. 카우보이들은 그 늑대 무리를 죽일 수 있는 사람이라면 누구에게든 많은 액수의 돈을 지불하겠다는 제안을 했다. 로보가 두려워하는 유일한 물건은 총이었다. 그래서 그 녀석은 절대로 사람을 공격하지 않았다. 늑대들은 사람을 볼 때면 숨었다. 로보는 후각이 아주 뛰어나서 독을 냄새 맡을 수 있었고 사람이 자기 음식을 건드렸는지를 냄새로 알아낼 수 있었다.

한 번은 카우보이들 중 한 명이 로보 영감이 으르렁거리는 것을 들었다. 카우보이는 몰래 그 늑대 무리에 다가가서 그 녀석들이 한 무리의 소 떼를 막 잡아먹으려고 하는 것을 보았다. p.18 로보는 블랑카가 나머지 늑대들과 함께 송아지 한 마리를 잡아먹으려고 대기하고 있는 것을 지켜보고 있었다.

소 떼는 머리와 뿔을 늑대들 쪽으로 두고 둥그렇게 원을 그리며 바짝 붙어서 함께 서 있었다. 소 한 마리가 무리에서 떨어져 나왔고 매우 놀란 것처럼 보였다. 그 소는 상처를 입었지만 여전히 대체로 건강한 편이었다. 마침내 로보의 마음이 급해졌다. 로보는 으르렁거리고 소 떼 쪽으로 달려갔다.

두려움에 떠는 소들은 사방으로 달려갔다. 상처 입은 소도 달렸지만, 로보가 그 소를 쫓아갔다. 로보는 그 소의 목을 잡고 땅에 내동댕이쳤다. 소는 등을 바닥에 대고 있었고 갑자기 모든 늑대들이 그 소에게 달려들어 그 소를 죽였다. 로보는 다른 늑대들을 지켜보았다. 왜 다른 늑대들은 로보가 한 것처럼 그 소를 죽이지 못했을까?

남자는 말을 타고 늑대 무리 쪽으로 가서 소리를 질렀다. 늑대들은 도망갔다. 그 남자는 그 소에 독을 넣었다. 그 남자는 늑대들이 그 소를 먹기 위해 나중에 돌아올 거라고 예상했다. p.19 독이 든 부분을 먹으면 늑대들은 죽을 것이다.

다음 날 아침에 그 남자는 죽은 소에게 다시 가 보았다. 늑대들은 독이 든 부분만 제외하고는 소고기를 모두 먹어 치웠다.

매년 카우보이들은 이 늑대를 더 두려워하게 되었다. 마침내 그들은 그 늑대를 죽이는 데 1천 달러를 내놓았고, 이는 늑대를 죽이기 위해 어느 누가 제시한 것보다 훨씬 더 많은 액수였다. 어느 날 태너리라는 텍사스 출신의 카우보이가 그 늑대를 죽이러 커럼포로 왔다. 태너리에게는 최고의 총과 말, 몸집이 큰 울프하운드 무리가 있었다. 과거에 태너리와 그의 개들은 많은 늑대들을 죽인 적이 있었다. 태너리는 자기가 곧 로보를 죽이게 될 것임을 전혀 의심하지 않았다.

여름 날 흐린 새벽녘에 그들은 용감하게 사냥을 시작했다. p.20 곧 개는 늑대 냄새를 맡았다. 마침내 카우보이와 그의 개들은 늑대들을 보고 뒤쫓기 시작했다. 울프하운드들은 사냥꾼이 말을 타고 와서 늑대를 쏠 수 있을 때까지 늑대들을 잡고 있어야 했다. 이는 카우보이의 출신지인 텍사스의 확 트인 평원에서는 대체로 쉬웠다.

하지만 커럼포에는 많은 바위와 강이 늑대가 달아나서 숨는 것을 쉽게 했다. 늙은 늑대와 그 무리는 강을 건넜고 카우보이를 뒤로 따돌렸다. 늑대들이 흩어져서 사방으로 달려갔으므로 개들도 또한 늑대들을 따라서 흩어져야만 했다. 늑대들이 다시 함께 왔을 때 개들은 그곳에 전부 다 있지 못했다. 개들보다 늑대들이 많았기 때문에 늑대들은 개들을 죽이거나 상처를 입힐 수 있었다.

태너리가 자기 개들을 발견한 그날 밤 개들 중 여섯 마리만 돌아왔다. 두 마리는 심하게 다쳤다. 이 카우보이는 그 늑대들을 죽이려고 두 번 더 시도했다. p.21 태너리는 두 번 다 실패했고 그의 말은 죽임을 당했다. 그 후에 태너리는 텍사스로 돌아갔다.

이듬해에 두 명의 다른 사냥꾼이 나타나서 로보를 죽이기로 결심했다. 그들은 자기들이 마법 주문과 함께 혼합한 특별한 독약으로 로보를 죽일 수 있다고 생각했다. 그들은 늑대가 실은 늑대인간이므로 그 녀석들을 죽이기 위해서는 마법이 필요하다고 생각했다. 하지만 늑대들은 이 독약을 먹지 않았다. 마침내 두 사냥꾼은 포기했고 캐나다의 집으로 돌아갔다.

1893년 봄, 조 캘론 역시 로보를 죽이려고 시도했다가 실패했다. 캘론의 농장은 강 옆, 협곡 안에 있었다. 그 농장과 아주 가까이에서 로보 영감과 그의 배우자는 보금자리를 만들고 새끼들을 길렀다. p.22 거기서 그들은 여름 내내 살았고 조의 소들, 양들, 그리고 개들을 죽였다. 조는 늑대들을 죽일 무슨 방법이라도 생각해 내려고 고심했다. 하지만 아무것도 효과가 없었다.

ll

1893년 가을에 나는 드디어 이 늑대를 만났다. 몇 년 전에 나는 늑대 사냥꾼이었지만, 최근에는 사무 일을 보고 있었다. 나는 변화를 무척 필요로 했다. 그때 커럼포에 목장을 가지고 있는 친구가 나에게 뉴멕시코로 와 달라고 부탁했다. 나는 이 늑대 왕을 간절히 만나고 싶었다.

이런 지세가 험한 지역에서 사냥개와 말을 데리고 로보를 쫓는 것은 소용없으리라는 것을 나는 곧 꽤 분명히 알게 되었다. 나는 독약과 덫을 이용해야 했다. 당시 우리한테는 충분히 큰 크기의 덫이 하나도 없어서 나는 독약을 좀 만들었다.

나는 모든 종류의 독약을 시험해 보았다. 나는 모든 종류의 동물과 고기에 독약을 넣어 두었다. p.23 그럼에도 불구하고 우리의 노력은 소용이 없었다. 늙은 왕은 내가 보기에 너무 교활했다. 한 번은 내가 소고기와 치즈를 함께 녹이고 나서 금속 냄새가 나지 않도록 동물 뼈로 만든 칼로 고기를 잘랐다.

그 혼합물이 식었을 때 나는 그것을 토막 냈다. 나는 각각의 고깃덩어리 속에 독약 냄새를 방지하는 캡슐에 넣은 독을 넣어 두었다. 그동안 내내 나는 소의 뜨거운 피가 범벅이 된 장갑을 꼈고 심지어 음식에 대고 숨도 쉬지 않았다. 모든 것이 준비되었을 때 나는 고깃덩어리들을 피로 범벅이 된 소가죽 주머니에 넣었다. 나는 말을 타고 가면서 그 고깃덩어리들을 여러 군데에 떨어뜨렸다. 나는 그것들을 절대 만지지 않았다.

이날은 월요일이었다. 그날 저녁 막 잠이 들려고 했을 때, 나는 로보의 굵고 낮은 울부짖음을 들었다.

p.24 다음날 아침 나는 결과를 보러 갔다. 나는 로보의 발자국을 보았다. 보통 늑대의 앞발은 발톱에서 뒤꿈치까지가 4.5인치, 큰 늑대의 앞발이 4.75인치이지만, 로보의 앞발은 5.5인치였다. 그 늑대는 3피트 키에 무게는 150파운드가 나갔다. 따라서 로보의 발자국은 따라가기에 전혀 어렵지 않았다. 그 발자국은 로보가 나의 독이 든 미끼를 집어 올렸다는 것을 보여 주었다.

"결국 내가 잡았군." 나는 외쳤다.

두 번째 미끼 또한 사라졌다. 하지만 나는 죽은 늑대처럼 생긴 것은 아무것도 볼 수 없었다. 다시 나는 따라갔다. 세 번째 미끼는 사라졌고, 늑대 왕의 발자국은 네 번째 미끼로 유인했다. 거기서 나는 그 녀석이 미끼를 먹지 않았다는 것을 알았다. 그 녀석은 미끼를 입에 물고 옮겼을 뿐이었다. 그 녀석은 그 미끼들을 전부 한데 쌓아 놓고 자신이 나에 대해 어떻게 느끼는지 보여 주려고 그 위에 똥을 남기고 떠났다.

p.25 이 일은 독약이 그 늑대들에게는 효과가 없을 거라는 것을 나에게 확신시켜 주었다. 그러나 나는 여전히 다른 늑대들을 죽이기 위해서 독약을 사용했다.

늑대들은 양을 쫓고 죽이기를 좋아하지만, 그 녀석들은 양들을 좀처럼 먹지 않는다. 양들은 대체로 1천 마리에서 3천 마리를 한 무리로 한 명 혹은 그 이상의 양치기가 친다. 밤에 양들은 우리에 함께 모여 있고 목동이 무리 양 옆에 한 명씩 잔다.

양들은 아주 신경이 예민한 동물이고 항상 우두머리를 따른다. 그래서 양치기는 양들과 함께 염소를 몇 마리 넣어 둔다. 염소는 양보다 영리하므로 양들이 밤에 겁에 질리면 대체로 염소들 주변에 몰려든다.

11월 말의 어느 늦은 밤에 두 명의 양치기가 늑대 소리를 들었을 때 잠에서 깨었다. p.26 양들은 염소들 주위에 숨었다. 염소들은 용감하고 힘이 셌고 싸울 채비를 했다. 로보 영감은 염소들이 우두머리라는 것을 알았다. 그래서 로보는 양들의 등을 넘어 달려가서 염소들을 죽였다. 양들은 사방으로 흩어졌다. 몇 주 동안 사람들은 도처에서 죽은 양을 발견했다고 보고했다.

마침내 늑대 덫이 두 남자와 함께 도착했다. 나는 덫을 준비해 놓기 위해 일주일을 꼬박 작업했다. 덫이 도착하고 나서 두 번째 날에 나는 그것이 효과가 있었는지 확인하러 말을 타고 돌아다녔다. 나는 모든 덫에서 로보의 발자국을 보았다. 심지어는 깜깜한 밤중에도 로보는 덫을 발견했던 것이다. 로보는 다른 늑대들이 그것들을 볼 수 있도록 조심스럽게 땅에서 모든 덫을 파내었다.

나는 덫을 H 모양으로 준비하기로 결심했다. 어떻게 하는 것인지 로보는 여전히 그 덫들을 발견했다. 로보는 주의하여 그 덫들 중 하나도 밟지 않았다. p.27 로보는 돌을 덫에 차 넣어서 덫들이 모두 튀어 오르게 했다. 로보는 여러 번 이렇게 했다. 로보의 지혜가 그 자신을 보호했다.

III

한두 번 나는 커럼포 늑대 무리에서 모든 일이 제대로 이루어지는 것은 아니라는 조짐을 발견했다. 때때로 나는 몸집이 작은 늑대가 우두머리를 앞질러 달리는 것을 보았다. 나는 다른 카우보이들한테 그들의 생각을 물었다.

"오늘 그 녀석들을 봤어." 한 카우보이가 말했다. "앞서 달리는 난폭한 녀석은 블랑카야."

"이제 블랑카가 암컷이라는 것을 알겠어. 왜냐하면 수컷이 그렇게 행동했다면 로보가 그 녀석을 죽였을 테니까."

나에게는 새로운 계획이 있었다. 나는 소를 한 마리 죽여서 죽은 소 주위에 두 개의 상당히 확실한 덫을 설치했다. 그런 다음 늑대들이 먹지 않는 소머리를 잘라서 조금 떨어뜨려 놓고 그 주위에 6개의 덫을 숨겼다. p.28 나는 피범벅이 된 손을 그대로 두었고, 후에 땅에 피를 좀 남겨두었다. 나는 코요테의 가죽을 남겨두고 그 코요테의 발로 발자국을 만들었다.

늑대들은 먹지 않을 것이라고 해도 모든 죽은 동물의 냄새를 맡는 습관이 있다. 나는 커럼포 늑대들도 똑같이 하기를 바랐다. 나는 로보가 소고기 주위에 내가 설치한 덫을 발견할 것임을 의심하지 않았지만, 늑대들이 소머리에 있는 덫을 알아채지는 못할 것이라고 생각했다.

다음 날 아침, 나는 덫을 조사했다. 늑대 무리의 발자국이 있었다. 소머리가 있던 곳은 비어 있었다. 작은 늑대 한 마리가 소머리 냄새를 맡으러 갔다가 덫들 중 하나에 잡힌 것이 확실했다.

우리는 곧 이 불운한 늑대가 블랑카라는 것을 발견했다. 덫과 소머리가 블랑카에게 달라붙어 있었다. p.29 비록 소머리가 50파운드 이상 무게가 나갔음에도 불구하고 블랑카는 내 친구보다 빨리 달렸다. 하지만 우리가 바위들 쪽에 도달했을 때, 블랑카는 소머리를 매달고서 바위를 뛰어넘을 수가 없었다. 블랑카는 반짝이는 하얀 털가죽을 지닌 내가 본 중 가장 아름다운 늑대였다.

블랑카는 싸우려고 돌아서서 울부짖었다. 멀리서 로보가 굵고 낮은 울부짖음으로 응답했다. 그것이 블랑카의 마지막 외침이었다. 우리는 블랑카를 둘러쌌다. 우리는 밧줄을 블랑카의 목에 던졌다. 말들이 다른 방향으로 당겼다. 피가 블랑카의 입에서 쏟아져 나오고 눈은 반짝이는 것을 멈췄다. 블랑카는 죽었다. 그러고 나서 우리는 행복한 마음으로 말을 타고 집으로 갔다.

우리가 집으로 가는 동안 로보는 블랑카를 찾으며 슬프게 울었다. 로보는 블랑카를 도와주고 싶어 했지만 그는 우리와 우리의 총으로부터 그녀를 구할 수 없다는 것을 알았다. p.30 그날 내내 우리는 로보가 울고 있는 소리를 들었다. 저녁이 되었을 때 로보는 우리 쪽으로 오고 있는 것 같았다.

"블랑카! 블랑카!" 로보가 슬픔에 북받쳐 부르는 것 같았다. 로보가 우리가 블랑카를 죽인 곳에 도착했을 때, 로보의 울부짖음은 나의 가슴을 찢어 놓을 만큼 구슬펐다.

"나는 늑대가 저렇게 우는 것을 들어본 적이 없어" 카우보이 중 한 명이 말했다.

로보는 말의 냄새를 따라 우리 집까지 왔다. 로보는 나의 개들 중 한 마리를 죽였다. 로보는 이번에는 혼자서 왔다. 나는 로보를 잡을 덫을 몇 개 설치했다. 로보는 덫 하나에 걸렸지만 힘을 써서 도망쳤다. 나는 로보가 블랑카의 사체를 발견할 때까지 이곳 주변에 머물러 있을 것이라고 믿었다.

나는 130개의 튼튼한 강철 늑대 덫을 모아서 우리 집으로 오는 모든 길에 그 덫들을 설치했다. 나는 블랑카의 피를 덫에 묻혀 놓고 덫 주위에 발자국을 내기 위해 블랑카의 발을 사용했다. p.31 한 번은 밤중에 로보 영감의 소리를 들었다고 생각했지만 나는 그것을 확신하지 못했다.

"북쪽에 있는 소들이 어젯밤에 시끄럽게 울었어. 아마 그 녀석이 그곳에 있을 거야." 다음 날 카우보이 중 한 명이 말했다.

나는 말을 타고 그곳으로 갔다. 나는 거대하고 힘이 센 로보가 강철 덫 중 하나에 걸린 것을 발견했다. 불쌍한 늙은 영웅이여! 로보는 자기 짝을 찾는 일을 결코 멈춘 적이 없었던 것이다. 로보는 모두 네 개의 덫에 걸려서 그곳에 완전히 속수무책으로 누워 있었다. 소들은 로보를 조롱하기 위해 로보 주위에 몰려들었다. 소들이 로보를 두려워하지 않았기 때문이었다. 이틀 낮과 이틀 밤 동안 로보는 그곳에서 발버둥치고 있었던 것이다.

하지만 내가 로보 근처에 갔을 때 그 녀석은 일어서서 자기 무리를 부르며 울부짖었다. 온 힘을 다해 로보는 나를 물려고 애썼다. 하지만 그 녀석은 무력했다. 각각의 덫은 무게가 300파운드나 나갔다. p.32 자신의 튼튼한 이빨로 로보는 내 총을 물고 깊은 이빨 자국을 남겼다. 로보는 증오와 분노로 새파래져서 노려보았다. 하지만 로보는 배고픔과 피를 너무 많이 흘린 탓에 지쳐서 땅에 쓰러졌다.

"당당한 늙은 영웅이면서 도둑인 이 녀석아, 몇 분 후면 너는 죽게 될 거야. 확실하지." 그러고 나서 나는 내 밧줄을 로보의 목에 던졌다. 로보는 튼튼한 이빨로 밧줄을 물고 갈기갈기 찢어 버렸다. 로보의 털을 망가뜨리고 싶지 않았기 때문에 나는 내 총을 쓰고 싶지 않았다. 나는 집으로 가서 다른 밧줄을 가져왔다. 우리는 마침내 로보의 목에 밧줄을 감아 조였다.

"그만! 나는 저 녀석을 죽이지 않을 거야. 저 녀석을 산 채로 야영지로 데려가자." 나는 로보의 사나운 눈에서 빛이 꺼지기 전에 외쳤다. 로보는 아주 완전히 무력해져서 우리는 그 녀석의 입을 쉽게 묶을 수 있었다. 로보는 더 이상 우리와 싸우려고 애쓰지 않았다. 대신에 로보는 침착하게 우리를 쳐다보았다.

p.33 우리는 로보의 발을 꽉 묶었지만 로보는 신음하지도 으르렁거리지도 고개를 돌리지도 않았다. 그런 다음 우리는 함께 로보를 내 말 위에 실을 수 있었다. 로보의 숨소리는 마치 그가 자고 있는 것처럼 들렸고, 로보의 눈은 다시 반짝이고 맑아졌다. 로보는 우리를 쳐다보지 않았다. 로보는 자신의 무리의 다른 늑대들 꿈을 꾸며 자신의 예전 왕국을 쳐다보았다.

우리는 천천히 이동함으로써 안전하게 목장에 도착했다. 우리는 로보에게 쇠사슬을 채워서 그 녀석을 들판에 두었다. 그런 다음 처음으로 나는 로보를 자세히 볼 수 있었다. 전설에 따르면 로보의 목에 금이 있다고도 하고 몸에 악마의 상징들이 있다고도 했다. 로보한테 이런 것들은 하나도 없었다. 하지만 나는 태너리의 울프하운드 중 대장인 주노가 물어서 로보에게 남겨 준 커다란 흉터를 실제로 찾았다. 로보가 주노를 죽이기 전에 주노는 로보에게 흉터를 준 것이었다.

p.34 나는 로보에게 고기와 물을 주었지만 로보는 먹지 않았다. 로보는 조용히 누워서 노란 눈으로 들판과 협곡을 쳐다보았다. 내가 건드렸을 때 로보는 움직이지 않았다. 해가 졌을 때 로보는 여전히 쳐다보고 있었다. 나는 밤이 오면 로보가 자기 무리를 부를 것이라고 기대했다. 로보는 딱 한 번만 소리 내어 불렀다. 늑대들은 대답하지 않았다. 로보는 다시는 부르지 않았다.

힘을 잃은 사자나 자유를 잃은 독수리, 짝을 잃은 비둘기는 모두 상심하여 죽는다. 어떻게 살 수 있다는 말인가? 아침이 왔을 때 로보는 그 자리에 여전히 누워 있었다. 로보의 몸은 다치지 않았지만 영혼은 떠났다. 늙은 늑대 왕은 죽었다.

나는 그 녀석의 목에서 쇠사슬을 벗겼고 한 카우보이가 내가 로보를 블랑카의 사체 쪽으로 옮기는 것을 도와주었다. 우리는 그들을 서로의 옆에 뉘였다.

"그래, 이제 너희는 다시 함께야." 내가 말했다.

은빛 얼룩이, 까마귀 이야기

|

p.35 우리 중 얼마나 많은 사람이 야생동물을 제대로 알게 된 적이 있을까? 나는 한두 번 우연히 마주치거나 우리 안에 있는 야생동물을 키우는 것을 의미하는 것이 아니다. 그 야생동물의 삶과 역사를 정말로 아는 것을 말하는 것이다. 여우나 까마귀는 다른 여우, 까마귀와 아주 비슷하게 생겨서 우리는 다음에 만났을 때 그것이 정말로 같은 동물인지를 확신할 수 없다. p.36 하지만 때로는 다른 동물보다 더 힘이 세거나 현명한 동물이 있다. 그 동물은 자기 지역에서 곧 유명해진다.

약 10년 간 온 파리 시내를 공포에 떨게 한 꼬리가 짧게 잘린 늑대 쿠르탕이 있다. 절름발이 회색곰 클럽풋은 캘리포니아의 샌 와킨 계곡에 살았다. 2년도 안 되는 동안 거의 300여 명의 인간을 죽인 퓨마 세니가 있다. 마지막으로 은빛 얼룩이가 있다. 나는 은빛 얼룩이의 이야기를 들려주려고 한다.

은빛 얼룩이는 아주 영리한 늙은 까마귀다. 은빛 얼룩이는 얼굴 오른쪽에 은색 점이 있어서 나는 그 녀석을 다른 까마귀들과 구별할 수 있었다. 여러분이 알아야 하는 것처럼 까마귀는 가장 지능이 높은 새이다. 까마귀는 군인처럼 항상 보초를 서고 늘 전쟁을 한다. 그들의 대장들은 무리에서 가장 연장자인 데다가 가장 현명할 뿐 아니라 가장 힘이 세고 용감하다.

p.37 은빛 얼룩이 영감은 캐슬 프랭크의 어느 소나무 숲에 사는 큰 까마귀 무리의 대장이었는데, 그곳은 캐나다 토론토 근처에 있었다. 이 무리에는 200마리가 있었다. 날씨가 포근한 겨울날 그들은 나이아가라 강을 따라 머물렀다. 추운 겨울날에는 훨씬 더 먼 남쪽까지 갔다. 하지만 매년 2월 마지막 주에 은빛 얼룩이 영감은 그의 무리를 나이아가라 강과 토론토 사이의 하천 너머로 데리고 갔다.

매년 은빛 얼룩이는 자기 무리와 함께 와서 약 6주 동안 그 언덕에서 살았다. 아침이면 까마귀들은 세 무리로 나뉘어 먹이를 찾으러 출발했다.

은빛 얼룩이가 한 무리를 직접 이끌었다. 조용한 아침이면 까마귀들은 높이 똑바로 날았다. 하지만 바람이 불 때 까마귀들은 낮게 날았다. p.38 나는 내 집 창문에서 그 까마귀들을 볼 수 있었고, 1885년에는 처음으로 이 늙은 까마귀를 알아보았다.

"20년 이상을 이 숲에서 오르락내리락 하는 늙은 까마귀가 있어요." 내 이웃이 나에게 말한 적이 있었다. 3월 내내 그리고 4월 일부에는 매일 두 번, 그런 다음 늦여름과 가을에 다시 그 늙은 까마귀가 지나갔다. 조금씩 나는 까마귀들이 아주 지능이 높다는 것을 깨달았다. 까마귀들한테는 언어가 있었고 인간의 것과 비슷한, 때로는 그보다 더 나은 사회 체계가 있었다.

바람 부는 어느 날, 나는 높은 다리 위에 서 있었다. 늙은 까마귀가 자기 무리를 이끌고 나를 지나 날아갔다.

"오늘은 모든 것이 괜찮구나. 가자!" 까마귀들이 서로에게 외치는 것 같았다. 까마귀들은 바람 때문에 매우 낮게 날고 있었다. 은빛 얼룩이는 내가 거기에 서 있는 것을 보았고, 내가 자세히 그를 보고 있을 때, 그는 그것을 좋아하지 않았다.

"조심해." 은빛 얼룩이가 다른 새들한테 외쳤고 공중으로 더 높이 올라갔다. p.39 그러더니 내가 총을 가지고 있지 않은 것을 보고 그들은 다시 낮게 날았다. 다음 날 나는 같은 장소에 있었다. 까마귀들이 가까이 왔을 때 나는 내 지팡이를 올려서 그것을 까마귀들에게 겨냥했다.

"위험이다." 은빛 얼룩이가 다른 새들한테 외쳤고 전보다 50피트 더 높이 올라갔다. 그것이 총이 아닌 것을 보고서 은빛 얼룩이는 다시 낮게 날았다. 하지만 셋째 날, 나는 총을 가지고 갔다.

"절대 위험! 총이다!" 은빛 얼룩이가 외쳤다. 무리의 모든 까마귀들이 총에서 안전한 거리에 있을 때까지 흩어지기 시작했다.

다른 날에는 빨간 꼬리 매가 까마귀들 근처 나무에 내려앉았다.

"매다, 매야." 대장이 외쳤고 모든 까마귀들이 함께 바싹 붙어 날았다. 그때 까마귀들은 총을 든 사람을 보았다.

"절대 위험! 총이다!" 대장이 외쳤다. p.40 즉시 까마귀들은 모두 흩어졌다. 얼마 후, 나는 까마귀들이 내는 다양한 소리의 의미를 배우기 시작했다. 한 가지 소리는 매나 크고 위험한 어떤 새를 의미하지만, 작은 차이를 주면 방향을 바꾸라는 의미이다. 매우 여러 가지 소리는 후퇴를 의미하고 작은 차이를 주면 그것을 인사로 만든다. 이는 때로 '주의'를 의미한다.

4월 초에 까마귀들은 흥분한 것 같았다. 까마귀들은 한나절을 먹이를 찾는 대신 소나무 숲에서 보냈다. 까마귀들은 서로를 쫓았다. 몇몇 까마귀들은 자신을 과시하기 시작했다. 이 까마귀들은 훨씬 높이 날아오르고 그런 다음에는 매우 빨리 땅으로 뚝 떨어지고, 그러고 나서는 갑작스럽게 다시 날아올랐다. 때로는 한 까마귀가 다른 까마귀들에게 노래를 불러 주었다.

그 모든 것이 무엇을 의미했을까? 나는 곧 알았다. 까마귀들은 사랑을 나누고 짝을 찾고 있었다. 수컷은 날개의 힘이나 목소리를 암컷 까마귀에게 과시하고 있었다. p.41 4월 중순 무렵 까마귀들은 모두 짝을 찾았다. 까마귀들은 함께 날아갔다.

||

슈거로프 언덕은 소나무로 덮여 있다. 꼭대기에 비어 있는 매의 둥지가 있는 소나무가 한 그루 있다. 모든 토론토의 남학생들이 이 둥지를 알고 있지만 그곳에는 아무것도 살지 않는다. 이상하게도 그 둥지는 아주 오래 되었음에도 부서지지 않았다.

5월의 어느 날 아침, 나는 숲 속을 걷고 있었다. 나는 오래된 둥지 아래를 지나가다가 검은 꼬리를 보고 놀랐다. 나는 나무를 세게 쳤고 까마귀는 날아갔다. 나는 은빛 얼룩이와 그의 아내가 거기에 살고 있다는 것을 알아차렸다. 오래된 둥지는 그들의 것이었다. 그들은 여기에 둥지를 틀고 다른 까마귀를 쏘는 소년들에게서 몸을 숨기고 있었다.

어느 날 내 망원경으로 숲을 관찰하는 동안 나는 부리에 무언가 흰 것을 물고 있는 까마귀 한 마리를 보았다. p.42 그 까마귀는 느릅나무 옆에 그것을 떨어뜨렸다. 그것은 나의 오랜 친구 은빛 얼룩이였다. 잠시 후 은빛 얼룩이는 그 흰 것, 그러니까 조개껍질 하나를 집어서 양배추 옆으로 걸어갔다. 은빛 얼룩이는 조개껍질과 다른 희고 빛나는 것들이 쌓인 무더기 하나를 파헤쳤다. 은빛 얼룩이는 양달에 그것들을 펼쳐 놓고 그것들이 반짝이는 것을 지켜보았다. 이것이 은빛 얼룩이의 취미이자 약점이었다.

30분 후, 은빛 얼룩이는 그것들을 모두 흙과 나뭇잎으로 덮어 놓고 날아갔다. 나는 즉시 그 지점으로 가서 은빛 얼룩이가 모아 놓은 흰 것들을 쳐다보았다. 그때가 내가 그것들을 본 마지막이었다. 은빛 얼룩이는 내가 자기 보물들을 찾아낸 것을 알았고 그것들을 어딘가 다른 곳으로 옮겼다.

은빛 얼룩이는 많은 사소한 모험과 탈출을 감행했다. 한 번은 새매에게 공격을 받았고, 종종 딱새들에게 쫓기기도 했다. 딱새들은 은빛 얼룩이가 심하게 다치게 하지는 않았지만, 그를 귀찮게 했다. 은빛 얼룩이는 또한 나쁜 짓들도 했다. p.43 은빛 얼룩이는 갓 낳은 알을 먹기 위해서 매일 아침 작은 새들의 둥지로 갔다. 하지만 우리가 달걀을 먹는 것이 당연한 것처럼 은빛 얼룩이에게는 그것이 당연하다.

어느 날 나는 은빛 얼룩이가 부리에 커다란 빵 조각을 물고 날아가고 있는 것을 보았다. 은빛 얼룩이의 아래쪽에 있는 개울을 따라 당시 하수도 관이 설치되고 있었다. 한 부분은 공사가 이미 끝난 상태였다. 은빛 얼룩이는 빵을 그 개울에 떨어뜨렸다. 은빛 얼룩이는 개울 위 터널 꼭대기에 내려 앉아서 빵이 한쪽으로 들어가는 것을 보았다. 은빛 얼룩이는 다른 쪽에서 빵 조각을 기다리고 있다가 다시 그것을 주웠다.

은빛 얼룩이는 진정으로 성공한 까마귀였다. 은빛 얼룩이는 비록 위험으로 가득하지만 먹을 것이 많은 지역에서 살았다. 오래된 둥지에서 은빛 얼룩이는 매년 아내와 함께 새끼들을 길렀다. p.44 나는 은빛 얼룩이의 아내가 어떤 까마귀인지 알지 못했다. 그는 모든 까마귀들의 왕이었다.

까마귀들이 6월 말에 다시 함께 모였다. 부드러운 날개와 높은 음색을 가진 젊은 까마귀들은 부모에게 이끌려 까마귀 사회에 소개된다. 여기에서 수적으로 안전을 확보하고, 여기에서 까마귀들의 학교 교육이 시작된다. 까마귀들은 까마귀 삶의 성공의 모든 비밀을 배운다.

도착하고 나서 1~2주 동안 까마귀들은 다른 모든 까마귀들을 만난다. 그동안 까마귀들의 부모는 조금 쉴 시간을 갖는다. 1~2주 후, 까마귀들은 오래된 털이 빠지기 시작한다. 이때 늙은 까마귀들은 보통 예민하고 짜증을 부리지만 여전히 어린 까마귀들을 가르친다. 하지만 그것은 모두 새끼들을 위한 것이고 은빛 얼룩이 영감은 뛰어난 선생님이다.

때때로 은빛 얼룩이는 새끼 까마귀들에게 연설을 하는 것 같다. 은빛 얼룩이가 무슨 말을 하는지 나는 추측할 수 없지만 그것이 매우 좋은 것 임에는 틀림이 없다. 매일 아침 까마귀들은 회의를 위해 함께 모인다. p.45 나머지 시간에 새끼들은 부모와 함께 먹이를 찾는다.

9월이 오면 새끼 까마귀들은 마침내 다 성장한다. 새끼 까마귀들의 눈은 연약한 푸른 눈에서 지혜로운 갈색 눈으로 색깔이 변한다. 새끼 까마귀들은 총과 덫으로부터 몸을 숨기는 법과 벌레와 풋옥수수 찾는 법을 안다. 새끼 까마귀들은 늙은 농부의 뚱뚱한 아내가 그녀의 열다섯 살 난 몸집이 작은 아들보다 훨씬 덜 위험하다는 것을 안다. 어린 까마귀들은 우산이 총이 아니라는 것을 알고 여섯까지 숫자를 셀 수 있다. 비록 은빛 얼룩이는 거의 30까지 셀 수 있지만 말이다.

새끼 까마귀들은 화약 냄새를 안다. 그들은 여우를 짜증나게 하여 반쯤 그의 저녁 식사를 포기하게 하는 방법을 알고 딱새나 자줏빛 제비가 공격하면 숨어야 한다는 것도 또한 안다. p.46 하지만 새끼 까마귀들은 알을 찾는 법은 아직 모른다. 새끼 까마귀들은 또한 대합조개나 말의 눈을 맛본 적도 없고 여행하는 법도 배운 적이 없다.

9월에 어른 까마귀들은 새 깃털이 다시 나서 멋진 털에 뿌듯해한다. 어른 까마귀들의 건강은 다시 좋아지고 기분도 더 좋아진다. 심지어 엄격한 선생님인 은빛 얼룩이 영감도 무척 명랑해진다. 새끼 까마귀들은 정말로 은빛 얼룩이를 좋아하기 시작한다.

"제1중대!" 대장 까마귀가 외치고 제1중대가 대답할 것이다.

"비행!" 그러면 제1중대는 모두 곧장 앞으로 날 것이다.

"위로!" 그러면 곧장 위쪽으로 제1중대는 날 것이다.

"모여!" 그러면 제1중대는 서로 바짝 붙어서 날 것이다.

"흩어져!" 그러면 제1중대는 모두 바람에 흩날리는 나뭇잎처럼 활짝 퍼질 것이다.

p.47 "줄 서!" 그러면 제1중대는 모두 줄을 설 것이다.

"하강!" 그러면 제1중대는 모두 거의 땅까지 내려갈 것이다.

"먹어!" 그러면 제1중대는 모두 먹이를 찾기 위해 땅에 내려앉을 것이다.

"총 든 사람이다!" 은빛 얼룩이가 외치면 모두 나무 위로 날아오를 것이다.

마지막으로 매년 11월에 은빛 얼룩이는 그들을 남쪽으로 이끈다.

III

까마귀를 무섭게 하는 유일한 새가 있는데, 그것은 올빼미다. 밤에 올빼미 소리를 들으면 까마귀들은 아침까지 겁을 먹는다. 아주 추운 날씨에는 때때로 까마귀들의 눈과 얼굴이 밤에 얼기도 한다. 하지만 아침에 까마귀들의 용기는 다시 생겨나고 까마귀들은 올빼미를 찾는다. 까마귀들은 올빼미를 죽이거나 쫓아버린다.

p.48 1893년에 까마귀들이 평소처럼 왔다. 나는 이 숲 속을 걷고 있었

고, 눈 속에서 토끼의 발자국을 발견했다. 토끼를 쫓은 동물의 발자국은 없었다. 나는 흔적을 따라갔고, 이윽고 반쯤 먹힌 죽은 토끼를 발견했다. 나는 수리부엉이의 깃털을 찾아냈다. 나는 나무 쪽을 올려다보고 올빼미가 지켜보고 있는 것을 보았다.

이틀 후 새벽에 까마귀들이 시끄러웠다. 나는 구경을 하려고 일찍 밖에 나가서 눈 속에 있는 검은 깃털을 발견했다. 나는 죽은 까마귀 한 마리와 올빼미의 발자국을 눈 속에서 보았다. 불쌍한 까마귀는 밤에 둥지에서 끌려나왔다. 나는 머리를 보고 그 까마귀가 은빛 얼룩이 영감이라는 것을 알아차렸다.

슈거로프의 오래된 둥지는 이제 텅 비었다. 까마귀들은 여전히 봄이면 오지만 그들의 유명한 대장 없이 매년 점점 더 적은 수의 까마귀가 온다.

래길럭, 숨꼬리토끼 이야기

p.49 래길럭은 어린 숨꼬리토끼의 이름이었다. 어렸을 때 한쪽 귀가 찢어져서 그 토끼는 이 이름을 갖게 되었다. 래길럭은 올리펀트의 습지대에서 어미와 살았다. 사실 토끼에게는 우리가 말을 이해하는 것처럼 말이 있지는 않지만 소리와 신호, 냄새, 수염 만지기, 움직임으로 의사소통을 할 수 있다. p.50 이 이야기에서 나는 토끼의 이러한 의사소통 표현을 영어로 해석한다. 나는 토끼들이 하지 않은 말은 아무것도 없다고 거듭 말한다.

|

래길럭의 어미가 래길럭을 숨겨 놓은 곳은 냄새 나는 늪의 풀로 덮인 안락한 둥지였다. 어미는 무슨 일이 일어나더라도 숨어 있고 아무 말도 하지 말라고 래길럭에게 항상 말했다. 침대에 누워 있기는 하지만 래길럭은 정신이 완전히 깨어 있었고 또랑또랑한 눈은 숲을 관찰하고 있었다.

큰어치와 붉은날다람쥐가 서로에게 소리 지르고 있었고, 아메리카솔새는 파란 나비를 잡았다. 붉은색과 검은색의 무당벌레는 평화롭게 풀잎을 천천히 걸어 올라가다가 다른 풀잎으로 떨어지고 래길럭의 둥지를 가로질러 래길럭의 얼굴을 넘어갔다.

p.51 얼마 후 래길럭은 어떤 소리를 들었다. 그것은 이상한 소리였고 래길럭은 그 소리와 함께 나는 발소리는 들을 수 없었다. 래길럭은 이 습지

에서 평생을 살았지만(그는 이제 태어난 지 3주가 되었다.) 이와 같은 소리는 어떤 것도 들어본 적이 없었다. 래길럭은 매우 호기심이 일었다.

낮은 소리는 점점 더 가까워지다가 다시 사라지는 것 같았다. 래길럭은 그것이 무엇인지 알아내는 것이 자신의 의무라고 느꼈다. 래길럭은 천천히 짧고 솜털이 보송보송한 다리로 일어나서 작고 동그란 머리를 들어 올려 숲을 내다보았다. 그 소리는 래길럭이 움직이자마자 멈추었다. 래길럭은 아무것도 볼 수 없어서 분명히 보려고 한 발 앞으로 나섰다. 래길럭은 거대한 검은 뱀과 정면으로 얼굴을 맞대었다.

"엄마." 괴물이 자신을 물려고 했을 때 래길럭이 공포를 느끼며 외쳤다. p.52 래길럭은 자신의 작은 다리가 낼 수 있는 온 힘을 모아 도망치려고 애썼다. 하지만 빠르게 뱀이 래길럭의 한쪽 귀를 물었다.

"엄마." 불쌍한 어린 래길럭은 잔인한 괴물이 천천히 숨이 끊어지도록 자신을 질식시키기 시작할 때 울부짖었다. 래길럭의 어미가 숲을 가로질러 달려왔다. 모성애는 어미를 강인하고 강력하게 만들었다. 새끼의 외침이 어미를 영웅적인 용기로 가득 채웠던 것이다. 철썩! 어미가 뒷발의 발톱으로 뱀을 때렸다. 뱀은 고통으로 몸을 떨고 화가 나서 쉭익 소리를 냈다.

"엄마." 새끼는 미약하게 말했다. 그리고 어미는 뱀이 새끼 토끼의 귀를 놓아줄 때까지 다시 뱀한테 뛰어들었다. 어미 토끼는 계속 뱀을 발로 차고 뱀한테 피가 흐르는 긴 긁힌 자국들을 남겼다. 상황은 이제 뱀한테 안 좋아 보이고 있었다. 새끼 토끼는 뱀한테서 자유로워질 수 있었다. 한쪽 귀에 난 찢어진 상처를 빼면 새끼 토끼는 상처를 입지 않았다.

p.53 어미 토끼 몰리는 이제 싸우던 것을 멈췄다. 어미는 멀리 숲으로 들어갔고 새끼는 어미가 습지의 안전한 쪽으로 자신을 안내할 때까지 눈처럼 흰 어미의 꼬리를 따라갔다.

||

올리펀트 노인의 습지는 연못과 개울이 가운데를 가로지르는 거친 숲에 있었다. 많은 죽은 통나무들과 그루터기들이 숲 속에 있었다. 연못 주위의 땅에는 버드나무가 많았다. 보다 건조한 땅은 들장미와 어린 나무들로 덮여 있었다. 숲의 가장자리에는 소나무들이 자랐다. 그 냄새는 땅 위에서 썩어 가는 나뭇잎의 냄새를 덮어 주었다.

숲 주위에는 들판이 있었다. 그 들판을 건넌 유일한 동물은 교활한 여우였다. p.54 몰리와 래길럭은 그곳에 사는 주된 동물이었다. 그들의 가장 가까운 이웃은 멀리 떨어져 있었고, 가장 가까운 가족은 죽었다. 여기가 그들의 집이고, 이곳에서 그들은 함께 살았다.

몰리는 훌륭한 작은 어미로 래길럭을 조심조심 키웠다. 래길럭이 처음 배운 것은 숨어서 아무 말도 하지 않기였다. 뱀과의 모험은 래길럭에게 이에 대한 지혜를 가르쳐 주었다. 래길럭은 결코 그 교훈을 잊지 않았다. 래길럭이 배운 두 번째 교육은 꼼짝하지 않기였다. 래길럭은 뛸 수 있게 되자마자 그것을 배웠다.

'꼼짝하지 않기'는 조각상으로 변해서 그냥 아무것도 하지 않는 것이다. 영리한 토끼는 적을 보자마자 모든 동작을 멈춘다. 움직이고 있지 않으면 많은 동물들이 토끼를 볼 수 없다. 오직 숲 속에 사는 동물들만이 이것의 중요성을 안다. 모든 야생동물과 모든 사냥꾼은 그것을 배워야 한다. 모두 그것을 잘하는 법을 배우지만 그들 중 어느 누구도 숨꼬리토끼 몰리만큼 그것을 잘하지는 못한다.

p.55 래길럭의 어미는 래길럭에게 꼼짝하지 않는 법을 가르쳤다. 어미가 숲 속을 달리면 새끼가 뒤따라갔다. 어미가 꼼짝하지 않으면 래길럭도 꼼짝하지 않았다. 하지만 래길럭이 어미에게서 배운 모든 것 중에서 최고의 수업은 들장미 덤불의 비밀이었다. 그것은 이제 매우 오래된 비밀이다.

오래 전에 장미들은 가시가 없는 덤불 형태로 자랐다. 그러나 다람쥐와 생쥐가 꽃을 쫓아 올라가곤 했다. 소도 뿔로 꽃을 때리곤 했다. 주머니쥐는 꼬리로 꽃을 흔들곤 했고 사슴은 날카로운 발굽으로 꽃을 꺾어 넘어뜨리곤 했다.

그래서 들장미 덤불은 꽃을 보호하기 위해 뾰족한 것을 키웠다. 들장미 덤불은 나무를 오르거나 뿔, 발굽, 긴 꼬리를 가진 모든 생물들에게 전쟁을 선포했다. p.56 하지만 들장미 덤불은 토끼와는 평화롭게 지냈다. 토끼들은 덤불을 오를 수도 없고, 뿔도 없고, 발굽도 없고, 긴 꼬리도 없었다.

사실 토끼는 들장미 덤불에 전혀 해를 가하지 않았다. 장미와 토끼에게는 특별한 우정이 있었다. 위험을 만나면 토끼들은 가장 가까운 들장미 덤불로 달려간다. 그러니까 어미한테 래길럭이 배운 비밀은 들장미 덤불이 그의 최고의 친구라는 것이었다. 그 계절에 래길럭은 땅과 식물에 대해서 배웠다. 그리고 래길럭은 그것들을 아주 잘 배워서 습지 주변의 모든 곳에 갈 수 있었고 친절한 들장미들한테 다섯 번 이상 깡충 뛰어 갈 수 있는 거리 범위를 넘어 그들을 떠나는 법이 한 번도 없었다.

토끼의 적들은 인간들이 새로운 종류의 들장미를 심어서 넌더리가 났다. 그 들장미는 너무 힘이 세서 어떤 생물도 그것을 겪을 수 없었고, 너무 날카로워서 가장 억센 피부도 그것에 의해 찢어졌다. p.57 매년 들장미는 더 많아졌다. 하지만 숨꼬리토끼 몰리는 그것이 전혀 두렵지 않았다.

다른 동물들이나 인간은 다칠지도 몰랐지만 몰리는 그것을 잘 이해했다. 들장미가 더 많이 자라면 자랄수록 토끼에게는 안전한 장소가 더 많이 생겼다. 이 새롭고 무서운 들장미의 이름은 철조망 울타리였다.

Ⅲ

몰리에게는 래길럭 말고 다른 새끼가 없었다. 래길럭은 힘이 셀 뿐만 아니라 유난히 빠르고 영리했다. 그 계절 내내 어미는 래길럭에게 무엇을 먹고 마셔야 하고 무엇을 만지면 안 되는지를 가르쳤다. 날마다 몰리는 래길럭을 훈련시키려고 공을 들였다.

래길럭은 들판이나 덤불에서 어미 옆에 바싹 붙어서 어미가 사물의 냄새를 맡을 때 어미를 따라하곤 했다. 래길럭은 어미가 먹는 것과 똑같은 음식을 먹었다. p.58 여전히 어미를 따라하면서 래길럭은 발톱으로 귀를 빗질하는 것과 털을 청소하는 것을 배웠다. 래길럭은 또한 땅에서 나오는 물은 먹지 말아야 한다는 것도 배웠다.

래길럭이 혼자 외출해도 될 만큼 몸집이 커지자마자 어미는 래길럭에게 메시지 보내는 법을 가르쳤다. 토끼들은 뒷다리로 땅을 쿵 침으로써 메시지를 보낸다. 땅을 따라 소리는 멀리 전해진다. 토끼들은 아주 좋은 청력을 가지고 있어서 아주 멀리에서 나는 쿵 소리를 들을 수 있다. 한번 쿵 하는 소리는 '조심하라'나 '꼼짝하지 마라'를 의미한다. 천천히 쿵쿵 하면 '오라'는 의미이다. 빠르게 쿵쿵 치면 '위험하다', 그리고 아주 빠르게 쿵쿵쿵 소리를 내는 것은 '살려면 도망가라'를 의미한다.

날씨가 좋고 큰어치들이 논쟁을 벌이고 있던 어느 때 래길럭은 새로운 공부를 시작했다. 몰리는 귀를 내렸다. 그런 다음 멀리 달려가서 래길럭에게 '오라'는 쿵쿵 신호를 보냈다. p.59 래길럭은 그 장소로 달려갔지만 몰리를 찾을 수가 없었다. 래길럭은 발로 쿵 소리를 내보았지만 대답을 받지 못했다. 래길럭은 어미를 찾을 때까지 조심조심 냄새를 맡기 시작했다. 그리하여 래길럭은 첫 번째 추적 수업을 받았다.

첫 번째 교육 기간이 끝나기 전에 래길럭은 어미로부터 살기 위해 알아야 하는 모든 것을 배웠다. 래길럭은 천재였다.

래길럭은 숨기와 꼼짝하지 않기, 따라가기, 추적하기를 잘했다. 래길럭은 아직 그것을 시도해 보지는 않았지만 철조망에서 숨는 방법에 대한 계획을 짰다. 래길럭은 자기 냄새를 감추기 위해서 모래를 사용하는 법을 알았다. 래길럭은 결코 '들장미 덤불'의 지혜를 잊지 않았다. 그것이 언제나 안전한 유일한 비결이었다.

래길럭은 자신의 적들 가운데 누가 자신을 쫓아오고 있는지를 알아내는 법을 배웠다. 매와 올빼미, 여우, 사냥개, 밍크, 족제비, 고양이, 스컹크, 미국너구리, 인간들에 대해서라면 숨고 달아나기 위한 여러 가지 방법이 있었다.

p.60 그리고 래길럭은 적이 접근하고 있다는 것을 알기 위해 자기 귀로 듣고 자기 어미와 큰어치한테 귀 기울이는 것을 배웠다.

"언제나 큰어치의 경고에 귀 기울이렴." 몰리가 말했다. "큰어치들은 도둑이고 사기꾼이지만 모든 것을 본다. 만약 딱따구리가 경고의 울음소리를 내면 딱따구리를 믿어도 된다. 딱따구리는 정직하니까. 하지만 큰어치는 더 영리하지. 비록 큰어치가 자주 거짓말을 하기는 하지만 그가 안 좋은 소식을 가져올 때는 큰어치를 믿어도 된단다."

철조망 책략에는 힘과 용기가 필요하다. 나이가 더 들고 나서야 비로소 래길럭은 그것을 시도해 보았지만, 그것은 래길럭이 좋아하는 것들 중 하나가 되었다.

"철조망 책략은 그것을 할 수 있는 토끼에게는 좋은 놀이란다." 몰리는 말했다. "나는 상처를 입은 개와 여우들을 많이 봤고, 큰 사냥개 한 마리는 이런 식으로 죽임을 당했단다. 하지만 나는 그것을 시도하다가 목숨을 잃는 토끼도 두 마리 이상 봤단다."

래길럭은 어떤 토끼들은 전혀 배울 수 없는 것들을 일찍 배웠다. p.61 구멍에 숨는 것이 가장 좋은 책략은 아니다. 어린 토끼는 항상 이것을 먼저 생각하지만 나이 든 토끼는 다른 모든 책략들이 실패하고 나서야 비로소 이것을 시도한다. 이 방법은 인간이나 개나 여우나 맹금류로부터는 탈출을 의미한다. 하지만 적이 횐담비나 밍크, 스컹크, 족제비라면 급사를 의미한다.

습지에는 세 개의 구멍이 있었다. 하나는 공개되어 있고 해를 마주보고 있으며 날이 좋은 날에는 여기에서 토끼 모자가 일광욕을 했다. 토끼들은 이상한 자세로 좋은 냄새가 나는 솔잎 사이에서 몸을 쭉 뻗었다. 이것은 토끼들이 하기 가장 좋아하는 것들 중 하나이다.

또한 커다란 소나무 그루터기도 있었다. 그 그루터기의 무시무시한 뿌리는 용들의 머리처럼 생겼고 그 그루터기의 보호 발톱 아래에는 늙은 마멋이 구멍을 냈다. 마멋은 언제나 성미가 까다롭고 화를 냈다. p.62 결국 마멋은 개와 싸우고 그 구멍을 떠났다. 몰리는 그 이후에 그곳에서 살기 시작했다.

양치식물에 난 구멍인 나머지 다른 구멍은 작고 눅눅해서 마지막 선택으로서가 아니면 쓸모가 없었다. 그것도 역시 마멋의 작품이었다. 그 마멋 역시 지금은 죽었다. 토끼들은 이제 그 구멍의 유일한 소유자들이었는데, 꼭 그래야 하는 것이 아니라면 그 구멍에 가까이 가지 않았다.

IV

8월의 밝은 햇살이 아침에 습지로 흘러넘치고 있었다. 작은 갈색 참새 한 마리가 연못 근처에 앉아 있었다. 그 새 아래에는 파란 하늘과 식물들, 그 작은 새를 비추는 더러운 물이 있었다. 그 새 뒤에는 앉은부채가 자랐다.

참새는 두 마리의 작은 갈색 동물이 앉은부채를 먹고 있는 것을 보았다. p.63 그들의 작은 코는 자기 주변의 모든 것의 냄새를 맡는 것을 한 번도 멈추지 않았다. 그들은 몰리와 래길럭이었다. 그들은 앉은부채 밑에서 몸을 쭉 뻗고 누워 있었는데, 그 식물의 끔찍한 냄새를 좋아해서가 아니라 곤충들 일부가 그 냄새를 싫어하고 그곳에 있는 자신들을 성가시게 하지 않으려고 하기 때문이었다.

토끼들은 항상 배우고 있다. 하지만 수업이 무엇인지는 무슨 일이 일어나는지에 달려 있다. 토끼들은 쉬러 이곳으로 갔지만 갑자기 큰어치에게서 나오는 경고의 울음소리를 들었다. 몰리의 코와 귀가 올라갔다. 늪지 건너 멀리에 올리펀트 씨의 검은색과 흰색이 섞인 큰 개가 있었는데, 곧장 토끼들에게 오고 있었다.

"자, 내가 저 늙은 바보의 주의를 딴 데로 돌릴 동안 숨어라." 몰리는 말하고서 겁 없이 개 앞으로 뛰어들었다.

p.64 "멍! 멍!" 개가 몰리를 쫓으면서 짖었지만, 몰리는 개를 들장미 덤불로 이끌었다. 그곳에서 가시들이 개의 귀를 할퀴었다. 마침내 몰리는 개를 철조망 울타리로 데리고 갔으며, 그곳에서 개는 고통스러운 커다란 긁

힌 상처를 얻었다. 개는 울면서 집으로 달려갔다. 몰리는 돌아와서는 래길럭이 숨어 있지 않고 대신에 자신을 보려고 애쓰고 있는 것을 발견했다. 몰리는 무척 화가 나서 래길럭의 얼굴에 발길질을 하여 진흙에 빠뜨렸다.

어느 날 들판에서 먹이를 먹고 있는데, 붉은꼬리 말똥가리가 토끼들을 쫓아 날아왔다. 몰리는 들장미로 뛰어들었고, 물론 말똥가리는 그곳으로 따라올 수 없었다. 그곳에는 낮게 자라고 있는 몇몇 식물들이 있었다. 몰리는 들장미 덤불에서 빠져 나가야 한다면 쉽게 뛰쳐나갈 수 있도록 그 식물들을 잘랐다. 래길럭은 어미를 보고 나서 앞으로 달려가서 좀 더 식물을 잘라냈다.

"좋아." 몰리가 말했다. "하지만 너는 조심해야 해. 언젠가 너는 올가미를 자르게 될 거야."

p.65 "뭐를요?" 래길럭이 물었다.

"올가미는 식물처럼 생긴 건데, 자라지는 않는단다." 몰리가 말했다. "올가미는 세상의 모든 매들보다 더 안 좋은 거란다. 너를 잡을 때까지 올가미는 밤낮으로 그곳에 숨어 있거든."

"올가미가 저를 잡을 수 있을 것 같지는 않아요." 래길럭이 자부심으로 똘똘 뭉쳐 말했다. 어미는 자기 새끼가 더 이상 아이가 아니라 곧 어른 토끼가 될 것임을 깨달았다.

V

흐르는 물속에는 마법이 있다. 누가 그것을 알지도 느끼지도 못한다는 말인가? 사막의 목마른 여행자는 흐르는 맑은 물이 있는 연못을 발견할 때까지 연못에서 물을 마시지 않을 것이다.

흐르는 물속에는 마법이 있다. 어떤 사악한 마법도 물을 건널 수 없다. p.66 야생동물이 쫓기고 있을 때, 만약 그 녀석이 운이 좋으면 천사가 그 녀석을 흐르는 물 쪽으로 데려갈 것이다. 물을 건너면 어떤 동물이라도 그 동물의 냄새를 따라올 수가 없다.

흐르는 물속에는 마법이 있다. 사냥개들이 흐르는 물 쪽으로 오고 사냥감을 쫓는 것을 멈춘다. 흐르는 물 때문에 야생동물은 계속 살 수 있다.

그리고 이것이 래길럭이 어미에게서 배워 온 위대한 비밀들 중 하나였다.

어느 덥고 습한 8월 밤에 몰리는 숲을 헤치고 래길럭을 데려왔다. 래길럭은 어미의 하얀 꼬리를 따라왔다. 달리다 소리를 듣기 위해 멈추는 일을 몇 번 한 후에 그들은 연못 가장자리로 갔다. 새들이 부드럽고 높은 소리로 노래를 불렀고 황소개구리는 깊고 낮은 소리로 노래했다.

"가만히 나를 따라오렴." 연못으로 뛰어들어서 중간에 있는 통나무 쪽으로 헤엄칠 때 몰리가 말했다. p.67 래길럭은 주저하다가 어미를 따라했다. 래길럭은 자신이 수영을 할 수 있다는 것을 알게 되었다. 래길럭은 통나무 위에 있는 어미와 함께했다. 이날 이후 스프링필드에서 온 늙은 여우가 이 늪지를 지나오는 따뜻하고 깜깜한 밤에 래길럭은 자신이 안전한지 알아보고 싶을 때는 황소개구리 소리에 귀 기울여야 한다는 것을 기억했다.

이것이 어미와 함께 래길럭이 한 최근의 공부였다. 많은 새끼 토끼들은 전혀 그것을 배우는 법이 없다.

VI

어떤 야생동물도 노령으로 죽는 법이 없다. 야생동물의 삶은 비극적인 최후를 맞는다. 야생동물은 적들과 싸우거나 적들로부터 숨을 수 있을 때까지만 살 수 있다. 하지만 만약 토끼가 어른으로 자랄 수 있다면 래길럭은 아마도 나이가 들어서 죽을지도 모른다.

p.68 토끼들은 도처에 적이 있다. 토끼들의 매일매일의 삶은 탈출하는 것이다. 개, 여우, 고양이, 스컹크, 미국너구리, 족제비, 밍크, 뱀, 매, 올빼미, 인간, 그리고 심지어는 곤충까지 모두 토끼들을 죽이려고 애쓴다. 토끼들은 수많은 모험을 한다.

스프링필드에서 온 그 혐오스러운 여우는 토끼들이 두 번 이상 철조망 속에 숨어야 하도록 만들었다. 하지만 일단 그곳에서는 토끼들이 조용히 여우를 지켜볼 수 있었다. 한두 번 래길럭은 개를 스컹크에게 안내했고, 그들이 싸우는 동안 도망쳤다.

래길럭은 언제가 한 번 사냥꾼을 돕는 사냥개와 흰담비를 가지고 있는 사냥꾼에게 산 채로 잡혔다. 하지만 래길럭은 다음날 탈출할 운을 누렸다. 래길럭은 고양이와 매, 올빼미에게 쫓겼지만 그들 각각으로부터 숨는 법을 알고 있었다. 래길럭의 어미는 기초적인 것을 모두 그에게 가르쳐 왔던 것이다. 나이가 들수록 래길럭은 그 기초적인 기술들을 모두 향상시켰다. 래길럭은 아주 영리했다.

레인저는 이웃에 사는 어린 사냥개의 이름이었다. p.69 레인저를 훈련시키기 위해 주인은 토끼를 쫓게 만들었다. 그들이 쫓는 것은 거의 항상 래길럭이었다. 어린 토끼는 추격이 재미있다고 생각했다.

"오, 엄마!" 래길럭은 말하곤 했다. "개가 다시 이곳으로 와요. 오늘 저는 달리기를 해야 해요."

"너무 까부는구나, 아들아!" 어미는 대답할지도 몰랐다. "네가 살해될까 봐 엄마는 두렵단다."

"하지만, 엄마, 저 바보 개를 놀리는 것은 아주 재미있는 데다가 모두 좋은 훈련이잖아요." 래길럭이 말했다. "만약 지치면 발을 구를게요. 엄마가 와서 제가 쉬는 것을 마칠 때까지 저 대신 달려 주시면 되잖아요."

레인저가 와서 래길럭을 쫓곤 했다. 때때로 래길럭은 발을 굴렀고 어미는 쫓기려고 왔다. 아니면 래길럭은 달아나기 위해 영리한 속임수를 썼다. 래길럭은 날씨가 따뜻할 때는 자신의 냄새가 땅에서 제일 강렬하게 난다는 것을 알았다. p.70 그래서 땅에서 떨어질 수 있다면 안전해질 거라는 것을 알았다. 래길럭은 지그재그로 가거나 나무에서 바위로 다시 나무로 껑충 뛰었다. 이것은 래길럭의 냄새를 따라오기 힘들게 만들었다. 마지막으로 래길럭은 통나무 맨 위로 올라가서 그곳에서 꼼짝 않고 있곤 했다.

레인저는 래길럭의 지그재그 길을 따라가려고 애쓰는 데 많은 시간을 낭비했다. 개는 왔다 갔다 하면서 원을 그리며 그 냄새를 찾아야 했다. 개가 래길럭의 냄새를 쫓으려고 하다가 래길럭이 앉아 있는 통나무 바로 아래를 지나갔다. 래길럭은 한 번도 움직이지 않았고 사냥개는 지나갔다. 다시 개가 다가왔다. 이번에는 개가 통나무 맨 아래 부분으로 왔다. 레인저는 냄새를 맡았다. 토끼 냄새가 났지만 오래된 냄새가 났다.

래길럭은 개가 통나무 위쪽으로 쿵쿵거리며 냄새를 맡는 동안 기다렸다. 하지만 바람이 좋아서 래길럭의 냄새를 다른 방향으로 날려 보냈다. 개가 통나무에 올라오자마자 래길럭은 뛰어오를 계획을 가지고 있었다. p.71 하지만 개는 오지 않았다. 개는 래길럭을 보지 못했다. 개는 통나무에서 뛰어내렸고 래길럭은 막 승리했다.

Ⅶ

래길럭은 어미 외에는 다른 토끼를 한 마리도 본 적이 없었다. 래길럭은 다른 토끼에 대해 생각조차 하지 않았다. 래길럭은 어미에게서 떨어져서 하루 중 대부분의 시간을 보냈지만 결코 외롭다고 느끼지 않았다. 하지만 12월의 어느 날, 래길럭은 이상한 토끼의 머리와 귀를 보았다. 새로 온 토끼는 행복하게 늪지 쪽으로 껑충 뛰어 왔다. 래길럭은 질투라고 불리는 분노와 증오라는 이상한 감정을 느꼈다.

낯선 이는 래길럭의 나무들 중 하나에서 멈췄다. 래길럭은 자기 앞발톱을 거기에 비비는 것을 좋아했다. 래길럭은 단순히 자기가 그것이 좋아서 이렇게 했다고 생각했지만 수토끼들이라면 모두 그렇게 한다. p.72 그것은 다른 토끼들에게 이 지역에 이미 자기 가족이 있다는 것을 말해 준다. 냄새는 다른 토끼들에게 그들이 그의 친구인지 아닌지를 알려 준다.

이제 혐오스럽게도 래길럭은 새로운 토끼가 자기보다 키가 크다는 것을 알아챘다. 새로 온 토끼는 또한 몸집도 크고 힘도 셌다. 래길럭은 이렇게 화가 나는 것을 전에는 느껴 보지 못했다. 래길럭은 정말 싫어서 이 새로 온 몸집 큰 토끼를 죽이고 싶었다.

"쿵쿵쿵." 래길럭이 발로 말했다. "내 늪지에서 나가. 아니면 싸움이다."라는 것이 그 메시지의 의미였다. 래길럭은 귀로 크게 V자를 만들었다.

"쿵쿵쿵." 새로 온 토끼가 앞다리로 더 힘찬 발소리로 답했다.

그러니까 전쟁이었다.

그들은 함께 나와서 서로를 쳐다보았다. 낯선 이는 몸집이 크고 무게가 많이 나가는 근육질의 수토끼였다. 하지만 새로 온 토끼가 교활하거나 영리하지는 않은 것이 확실했다. 새로 온 토끼가 래길럭에게 달려왔다. 함께 왔을 때 그들은 뛰어올라서 뒷다리로 서로를 때렸다. p.73 불쌍한 작은 래길럭이 쓰러졌다. 잠시 후 큰 토끼가 래길럭을 물고 있었다. 래길럭은 털을 뽑혔지만 다시 벌떡 일어섰다.

래길럭은 재빨리 껑충 뛰어 물러났다. 다시 래길럭은 돌격했고 심각하게 물린 채 다시 쓰러졌다. 래길럭은 이 적과 싸울 수가 없었다. 래길럭은 달아나야 했다.

비록 다쳤지만 래길럭은 다시 깡충깡충 뛰어 달아났다. 큰 토끼가 래길럭을 쫓아왔다. 래길럭은 빨랐고 낯선 이는 너무 크고 너무 무거워서 곧 포기했다. 그날부터 래길럭의 삶은 더 안 좋아졌다. 그의 훈련은 올빼미와 개, 족제비, 인간 등을 상대로 한 것이었지만 래길럭은 다른 토끼와 싸우는 법을 알지 못했다. 래길럭은 그저 달리고 숨는 것만 배웠다.

불쌍한 작은 몰리는 완전히 공포에 사로잡혔다. 어미는 래길럭을 도울 수 없었고 숨으려고 애썼다. p.74 하지만 큰 토끼는 곧 몰리를 발견했다. 몰리는 큰 토끼에게서 도망치려고 애썼지만 그녀는 래길럭만큼 빠르지 않았다. 몰리는 새로 온 토끼를 싫어했지만 새로 온 토끼는 몰리와 짝짓기를 했다. 몰리의 혐오가 새로 온 토끼를 화나게 했다. 날마다 새로 온 토끼는 몰리를 쫓아다녔고 그녀를 근심하게 만들었다. 때때로 새로 온 토끼는 몰리의 부드러운 털을 잡아당겼다.

새로 온 토끼는 래길럭을 정말로 죽이고 싶어 했다. 래길럭이 갈 수 있는 다른 늪지는 없었다. 이제 래길럭은 낮잠을 잘 때마다 언제라도 살려고 도망갈 채비가 되어 있어야 했다. 삶이 아주 끔찍하게 변했다! 매일 어미가 맞은 것을 보는 것과 자기 집이 그 멍청한 토끼 때문에 파괴된 것을 보는 것이 래길럭을 미칠 듯이 화나게 만들었다. 불행한 래길럭은 여우나 흰담비를 싫어하는 것보다도 새로 온 토끼를 더 싫어했다.

어떻게 끝났을까? 래길럭과 어미는 둘 다 매일 무척 피곤하고 약해지고 있었다. 낯선 이는 불쌍한 래길럭을 죽이려고 무슨 짓이든 할 준비가 되었다. 토끼들이 서로 미워한다 할지라도 공동의 적이 나타나면 다른 토끼를 위험에 빠뜨리지 않으려고 할 것이다. p.75 하지만 어느 날, 커다란 매가 늪지 위로 날아왔을 때 낯선 이는 숨어 있었으나 래길럭을 공터로 쫓아내려고 애썼다.

한두 번 매가 거의 래길럭을 잡을 뻔했지만 여전히 들장미가 그를 구해 주었다. 그리고 다시 래길럭은 달아났지만 그의 삶이 더 나아지지는 않았다. 래길럭은 다음날 밤에 어미와 떠나서 새 집을 찾아야겠다고 결심했다. 그때 래길럭은 사냥개인 늙은 번개가 킁킁 냄새를 맡으며 늪지 주위를 수색하고 있는 소리를 들었다.

래길럭은 사냥개 앞으로 뛰어나왔고 개는 래길럭을 쫓기 시작했다. 그들은 늪지 주위를 세 번 돌았다. 어미는 숨어 있었고 큰 토끼는 자기 둥지에 있었다. 래길럭은 사냥개를 다른 토끼의 둥지로 곧장 이끌었다. p.76 래길럭은 그 토끼의 머리 위를 뛰어넘었다.

"너를 죽여 버리겠어." 큰 토끼가 외쳤다. 큰 토끼는 껑충 뛰어올라 방향을 바꾸었다가 자기 뒤에 있는 사냥개를 보았다. 사냥개가 크게 짖었다. 큰 토끼의 체중은 다른 토끼와 싸우는 데는 도움이 됐지만 도망치기에는 그를 너무 느리게 만들었다. 큰 토끼는 많은 속임수를 알지 못했다. 큰 토끼는 또한 어디에 구멍이 있는지도 알지 못했다.

큰 토끼는 들장미 덤불 쪽으로 추격당했다. 래길럭은 다른 곳에 숨어서 사냥개의 우는 소리에 귀를 기울였다. 하지만 갑자기 이 소리들이 멈췄다.

싸움이 있었고 그 다음에는 크고 끔찍한 비명 소리가 났다. 래길럭은 그것이 무엇을 의미하는지 알았고 두려웠다. 하지만 곧 자기 적이 죽었기 때문에 래길럭의 마음에는 기쁨이 넘쳤다.

VIII

올리펀트 영감은 오래된 들장미 덤불 중 일부를 태워서 없애야겠다고 결심했다. p.77 영감은 또한 오래된 철조망 울타리 중 일부를 제거하려고 했다. 이 일은 래길럭과 어미에게는 가혹했다. 이제 어디에 숨을 수 있을까? 그들은 아주 오랫동안 이 늪지에서 살아 왔고 떠나는 것이나 다른 토끼가 오는 것을 원하지 않았다.

그해 1월에 올리펀트 가족은 연못 주위의 나무들을 좀 베어냈는데, 이 일은 토끼의 땅이 훨씬 더 작아지게 만들었다. 하지만 토끼들은 여전히 올리펀트의 늪지에서 지냈다. 왜냐하면 그곳이 그들의 고향이기 때문이었다. 최근에 토끼들은 그들의 늪지로 이사 온 밍크 때문에 짜증이 났다. 하지만 밍크는 대체로 올리펀트의 닭들을 먹었다. 밍크가 그곳에 있는 동안 토끼들은 구멍을 사용할 수 없었고 대신에 남아 있는 들장미 덤불과 철조망을 이용했다.

첫눈이 다 내렸고 지금까지는 날씨가 맑고 따뜻했다. p.78 몰리는 아파서 고통을 덜어줄 식물을 찾으러 갔다. 래길럭은 약하게 햇살이 내리쬐는 곳에 앉아 있었다. 올리펀트의 집 굴뚝에서 나오는 연기가 엷게 푸른빛을 내며 하늘을 가로질렀다. 올리펀트의 집은 그늘 아래에서는 자줏빛으로 보였다.

래길럭은 집 근처에서 양배추 냄새를 맡았다. 래길럭은 양배추를 아주 좋아했기 때문에 입에 침이 고였다. 하지만 래길럭은 전날 밤에 그 집에 갔다 왔다. 현명한 토끼는 같은 집에 연달아 이틀 밤을 가서는 안 된다. 그리하여 래길럭은 양배추 대신에 건초를 먹었다. 나중에 래길럭이 막 잠을 자려고 했을 때 어미와 함께 잠자리에 눕게 되었다. 태양이 지고 있었다. 시커먼 어둠이 하늘을 덮었고 바람이 차가운 공기를 후 불고 나더니 눈이 내리기 시작했다.

"날씨가 참 춥지 않아요?" 래길럭이 물었다.

"소나무 구멍에서 자기에 좋은 밤이구나." 몰리가 대답했다. "하지만 밍크가 죽을 때까지는 그곳에 갈 수 없겠구나."

p.79 토끼들은 한 무더기의 나뭇잎 아래로 자러 가야 했다. 시간이 지날수록 바람은 더 세지고 더 차가워졌다. 사냥하기에는 좋지 않은 밤인 것 같았지만 그 늙은 여우가 밖으로 나왔다. 여우는 잠자고 있는 토끼 냄새를 맡았다. 여우는 토끼들 뒤쪽으로 살금살금 왔다.

눈 때문에 몰리는 여우가 아주 가까이 오고 나서야 겨우 여우 소리를 들었다. 몰리는 래길럭을 건드렸고 그들은 여우가 그들에게 뛰어들자마자 둘 다 뛰어오를 준비를 했다. 몰리는 폭풍 속으로 뛰어 들어갔다. 여우는 몰리를 쫓았다. 몰리는 얼어붙은 연못으로 달려갔다. 몰리에게는 다른 선택이 없었다. 첨벙! 몰리는 차가운 물속으로 뛰어 들었다.

여우는 자기가 따라가기에는 물이 너무 차갑다고 결론 지었다. 여우는 떠났고 몰리는 물가로 헤엄치려고 애썼다. 하지만 강한 바람이 불었다. 차가운 물이 몰리의 머리 너머로 파도쳤고 몰리는 진흙이나 얼음 쪽으로 헤엄칠 수가 없었다.

p.80 몰리는 온 힘을 다해 헤엄쳤지만 눈이 그녀의 길을 계속해서 막았다. 마침내 몰리는 키가 큰 갈대 쪽에 닿았다. 몰리는 계속 헤엄을 치려고 애썼다. 몰리는 심지어 여우가 그곳에 있는지 신경도 쓰지 않았다. 몰리의 심장과 다리는 아주 약해지고 차가워졌다. 마침내 몰리의 다리는 움직이는 것을 멈췄고 부드러운 갈색 눈은 죽음을 맞아 감겨졌다.

래길럭은 어미를 구하러 방금 연못으로 왔다. 래길럭은 몰리를 계속해서 찾아보았지만 그의 작은 어미는 찾을 수 없었다. 래길럭은 자기 어미를 다시 볼 수 없었다. 불쌍한 작은 숨꼬리토끼 몰리! 몰리는 진정한 영웅이었다! 하지만 몰리는 자신의 아들인 래길럭 안에 계속 살아 있다.

그리고 래길럭은 여전히 올리펀트의 늪지에서 산다. 상황은 전보다 더 안 좋다. 래길럭에게는 아내와 어린 새끼들이 있다. 래길럭과 그의 새끼들이, 그리고 또 그들의 새끼들이 계속해서 그곳에 오랫동안 살 것이다.

빙고, 나의 개 이야기

|

p.81 1882년 11월 초, 겨울이 막 찾아왔다. 나는 창밖을 내다보며 옛 동요를 부르고 있었다. 그러나 꿈만 같은 노랫말과 겨울의 어우러짐은 커다란 회색 동물이 검은색과 흰색 털의 더 작은 동물에 의해 쫓기는 모습을

보았을 때 바뀌었다.

p.82 "늑대다." 나는 소리치고 총을 잡고 개를 도와주러 달려 나갔다. 그러나 내가 그곳에 도착할 수 있기도 전에 그들은 탁 트인 평원에 도착했던 터였다. 그곳에서 이웃의 콜리가 공격을 기다리며 빙빙 돌고 있었다.

나는 두세 발 총을 쏘았고 그 소리는 그들이 다시 달리기 시작하게 하는 원인이 되었다. 또 한 번 달린 후, 이 개는 늑대의 등을 물었다가 다시 놓아주었다. 개는 이와 같이 집들이 있는 쪽으로 늑대를 쫓았고 그들은 숲에서 멀어졌다. 마침내 나는 그들을 따라잡았다. 개는 나를 보고 한 번 더 늑대를 공격하기로 결심했다. 몇 초 후, 개는 늑대 등에 올라타 목을 물고 있었다. 나는 늑대의 머리를 쐈다.

그런 다음 이 개는 자기 적이 죽은 것을 보았을 때 자기 주인의 농장으로 뛰어서 돌아갔다. p.83 녀석은 훌륭한 개였고 설사 늑대가 자기보다 몸집이 크더라도 혼자서 그 늑대를 죽일 수 있었다. 나는 그 개의 주인에게서 그 개를 사고 싶었다.

"새끼들 중에 한 마리를 사는 것은 어때요?" 그 개의 주인이 대답했다.

이 프랭크라는 개를 살 수 없었기 때문에 나는 그의 새끼들 중 한 녀석을 사야겠다고 결정했다. 프랭크의 새끼들 중 털이 보송보송한 작고 검은 강아지는 긴 꼬리를 가진 아기 곰 같아 보였다. 하지만 그 강아지는 털에 황갈색 점들이 있고 코에는 하얀 점이 하나 있었다.

내가 결국 이 강아지를 샀을 때 나는 이 강아지에게 지어 줄 이름을 찾아야 했다. 나는 내가 부르고 있던 동요의 각운이 생각났고 그 녀석을 빙고라고 불렀다.

||

남은 그 해 겨울 빙고는 우리 집에서 살았는데, 먹이를 많이 먹었고 매일 몸집은 점점 더 커졌으며 눈치는 더 없어졌다. p.84 빙고는 코를 쥐덫 밖에 두어야 한다는 것을 결코 배우지 못했다. 빙고는 고양이를 사귀려고 애썼지만 고양이는 이해하지 못했고 빙고를 무시하거나 할퀴었다. 마침내 빙고는 외양간 밖에서 자기로 결정했다.

봄이 왔을 때 나는 빙고를 훈련시키기 시작했다. 그것은 우리 둘 다에게 힘들었지만 빙고는 결국 우리의 누런 암소를 어떻게 모는지를 배웠다. 이것을 하는 방법을 배운 후에 빙고는 매일 나가서 암소를 데려오는 것을 아주 좋아했다. 빙고는 기운이 넘쳐서 들판에서 집으로 돌아오기까지 빠르게 암소를 몰곤 했다.

기운이 좀 덜했으면 좋았겠지만 빙고는 암소를 집으로 데려오게 되어 무척 행복해했다. 자주 빙고는 우리가 빙고에게 부탁하지도 않았는데 암소를 집으로 데리고 왔다. 신이 날 때마다 빙고는 암소를 데리러 달려갔다가 다시 암소를 들판으로 몰곤 했다.

p.85 처음에는 이것이 아주 나빠 보이지 않았다. 빙고가 암소를 너무 멀리 가지 못하도록 했기 때문이었다. 하지만 그 일은 암소가 먹거나 쉬지도 못하게 했다. 암소는 말라갔고 우유도 점점 적게 나왔다. 암소는 예민해져서 언제나 빙고를 지켜보면서 빙고가 자기를 몰러 다시 오는 것을 기다렸다. 이것은 도를 넘어서고 있었다. 마침내 우리는 빙고가 암소를 모는 것을 못하게 했지만, 그 녀석은 여전히 매일 소젖을 짤 때면 외양간 문 옆에서 기다렸다.

여름이 다가오자 모기가 외양간에 가득했다. 하지만 소젖을 짤 때 암소의 꼬리에 맞는 것이 모기보다 더 짜증스러웠다. 우유를 짜는 프레드는 암소가 꼬리를 움직이지 못하게 하기 위해서 암소의 꼬리에 벽돌을 묶어 두기로 결심했다.

갑자기 모기들 한가운데를 뚫고 벽돌이 프레드의 얼굴을 찰싹 쳤다. p.86 암소는 계속 평화롭게 여물을 먹고 있었다. 프레드는 암소를 향해 소리를 지르기 시작했고 그 외의 다른 사람들은 모두 이를 보고 웃었다. 빙고는 이 소란을 듣고 안으로 달려와서 암소를 공격하기 시작했다. 우유가 엎질러지고, 암소와 개 둘 다 두들겨 맞았다.

불쌍한 빙고는 그 상황을 도무지 이해할 수 없었다. 빙고는 자신이 그 암소를 얼마나 싫어하는지 오래 전에 알게 됐지만 이제는 외양간에 다시 가지 않기로 결심했다. 대신에 빙고는 말들과 어울려 다니기로 결심했다.

소들은 내 것이었고 말들은 형의 것이었으므로 빙고는 매일 나와 시간을 보내는 것을 그만두었다. 하지만 급한 일이 있을 때마다 빙고는 나에게 의지했고 나도 그 녀석에게 의지했다. 사람과 개 사이의 유대는 평생 지속되는 것이다.

빙고가 암소를 몰았던 유일한 다른 경우는 그 해 가을 연례 카베리 품평회에서였다. p.87 가장 뛰어난 소몰이 개의 가격은 2달러였다. 나는 빙고를 출전시켰고 내 암소를 마을 밖 들판으로 데리고 갔다. 시간이 되자 빙고에게 암소를 가리켰다. 우리는 빙고에게 암소를 데리고 오라고 말했다. 빙고는 암소를 심사위원에게 데려와야 했다.

그 대신에, 암소가 개를 보고 우리 집에 있는 외양간으로 달려가기 시작했다. 개도 역시 그곳으로 암소를 몰았다. 그래서 그들은 우리 집 쪽으로 달려갔고 사라졌다. 그때가 심사위원이나 심사위원단이 나의 개나 암소를 마지막으로 본 때였다. 상은 유일한 다른 출전 개에게 주어졌다.

III

말에 대한 빙고의 충성심은 놀라웠다. 빙고는 낮에는 말들 옆에서 걸었고 밤에는 마구간 문간에서 잤다. p.88 그 무엇도 말에게서 빙고를 떼어놓지 못했다.

나는 불운이나 마법을 믿는 유형의 사람이 아니지만, 무언가 이상한 일이 일어났다. 이제 드 윈턴 농장에서는 우리 둘만 살고 있었다. 어느 날 아침, 나의 형이 건초를 사러 보기 크리크로 갔다. 거기까지 갔다가 돌아오는 데는 하루가 꼬박 걸리는 일정이었고 형은 아침 일찍 출발했다.

이상하게도 빙고는 살면서 딱 한 번 말들을 따라가지 않았다. 형이 빙고에게 소리쳤지만 녀석은 가려고 하지 않았다. 갑자기 빙고는 코를 하늘로 치켜들고 슬프게 울부짖었다. 빙고는 마차가 더 이상 보이지 않을 때까지 쳐다보면서 계속 슬프게 울부짖었다.

그날 하루 종일 빙고는 외양간 주위에 있었고 계속해서 울부짖었다. 나는 혼자였으며, 계속 시간이 흘러감에 따라 개의 행동은 나까지 불안한 기분이 들게 했다.

6시쯤 빙고의 울음소리가 너무 커져서 나는 그 녀석에게 무언가를 던지고 저리 가라고 말했다. p.89 하지만 공포감이 내 마음속을 가득 채웠다. 왜 내가 형을 혼자 가게 내버려두었을까? 형이 살아 있는 것을 다시 볼 수 있을까?

마침내 형이 돌아올 시간이 되었다. 형은 모든 말들과 함께 있었다.

"괜찮아?" 내가 물었다.

"물론이지." 형이 대답했다. 나는 아무것도 아닌 것이 틀림없다고 생각했다. 나는 마법에 대해 많이 아는 사람에게 이 이야기를 했다.

"빙고가 비상시에 항상 당신에게 의지했나요?" 그가 나에게 심각하게 물었다.

"네."

"그러면 웃지 말아요. 그날 위험에 처한 것은 바로 당신이었어요. 빙고는 머물면서 당신의 목숨을 구한 것이었지만 당신은 그게 무엇 때문이었는지 알 도리가 없었던 거지요."

IV

p.90 이른 봄, 나는 빙고의 교육을 시작했다. 얼마 안 되어 빙고도 나의 교육을 시작했다. 우리 집과 카베리 마을 사이에는 땅에 박힌 말뚝이 하나 있었다.

나는 곧 빙고가 그 수상한 말뚝 냄새를 맡지 않고는 결코 지나가는 법이 없다는 것을 눈치챘다. 다음으로 나는 코요테들과 동네의 모든 개들이 그곳을 방문한다는 것을 알게 되었다. 망원경으로 나는 말뚝을 보았고 빙고에 대해서 알게 되었다.

뛰어난 후각 때문에 개나 늑대들은 그 말뚝 냄새를 맡음으로써 다른 동물들에 대해 알 수 있었다. 눈이 올 때 나는 개들이 냄새를 남겨 두는 말뚝이 마을 주위에 많이 있다는 것을 깨달았다. 이런 냄새는 말뚝이나 해골, 다른 것들에도 표시되었다. 이런 식으로 개들은 소식을 주고받는 것에 아주 능숙했다. 개와 늑대들은 각자 소식을 얻으려고 각각의 말뚝을 정기적으로 살펴보았다.

p.91 나는 빙고가 말뚝에 다가가서 냄새를 맡고 으르렁거리는 것을 본 적이 있었다. 그런 다음 빙고는 자리를 떴다가 다시 말뚝을 쳐다보았다.

"그르릉! 이 냄새는 맥캐시의 더러운 개의 냄새와 비슷해." 빙고가 말하는 것 같았다. 다른 때는 빙고가 코요테 발자국에 매우 관심이 있는 것 같았다.

"이 냄새는 그가 암소를 죽였다는 것 같군. 나는 이것에 대해 꼭 배워야 해."라고 빙고가 말하는 것 같았다. 어떤 때 빙고는 꼬리를 흔들고 기뻐 보였다. 빙고는 자기 형제인 빌의 냄새를 맡은 것 같았다. 그 다음날 밤에 빙고의 형제가 우리 집에 와서 그들은 들판에서 같이 놀았다.

어떤 때 빙고는 갑자기 위를 올려다보고 소식을 더 찾기 위해 다음 위치로 달려가곤 했다. 때때로 빙고는 자신이 알아낸 소식에 대해 정말로 깊이 생각하고 있는 것처럼 보였다. p.92 어느 날 아침에 빙고는 몹시 두려워서 떨고 있는 것 같았다. 빙고는 여전히 화를 내고 무서워하는 표정으로 집에 돌아왔다. 나는 빙고가 행동하는 방식에서 녀석이 얼룩이리의 냄새를 맡았다는 것을 알아차렸다.

이런 것들은 빙고가 내게 가르쳐 준 것들 중에 있었다. 그리고 나는 밤에 빙고가 집을 나가서 눈 속을 헤매고 다니는 것을 보곤 했다. 나는 빙고가 어디로 가야 하는지 그리고 무엇을 찾아야 하는지를 어떻게 알고 있는지를 이해했다.

"아! 이 녀석, 나는 네가 어디로 갈 것인지 알아! 네가 원하는 것을 찾으러 어디로 가야 하는지 네가 알고 있다는 것을 나는 알아."

V

1884년 가을에 우리가 집을 닫아 두게 되어 빙고는 우리의 가장 가까운 이웃인 고든 라이트의 마구간으로 이사했다. 빙고는 오직 천둥이 치면서 비가 내릴 동안에만 그 마구간에 들어가곤 했다. 빙고는 천둥과 엽총 소리를 싫어했다. p.93 빙고는 밤에 돌아다니는 것을 무척 좋아했다. 빙고는 밤에 몇 마일씩 돌아다녔다. 어떤 농부들은 고든이 밤에 빙고를 집에 있게 하지 않으면 총으로 쏘겠다고 경고했다.

이 이야기가 빙고가 왜 그렇게 총을 무서워하는지는 설명해 주었다. 멀리 사는 한 남자가 어느 겨울 저녁에 눈 위에서 커다란 검은 늑대가 코요테를 죽이는 것을 보았는데, 나중에 그는 그것이 빙고라는 것을 알게 되었다고 말했다. 빙고는 때때로 겨울에 죽은 소나 양 근처에서 발견되었다.

때로는 빙고가 이웃 개들을 죽였던 것 같았다. 어떤 남자는 아주 크고 흰색 반점이 있는 검은색 새끼들과 함께 있는 코요테 어미를 보았다고 했다. 나는 3월 말에 형과 내가 빙고와 함께 밖에 있는 동안 코요테 한 마리가 빙고에게 다가온 것을 안다. 빙고가 코요테를 쫓았지만 코요테는 아주 빨리 달리지는 못했다. 빙고가 그 코요테를 잡았을 때 빙고는 다정했다. p.94 빙고는 늑대의 코를 핥았다. 우리는 경악했고 소리쳤다.

"그것은 암컷 코요테야. 빙고는 저 코요테를 해치지 않을 거야." 나는 외쳤다.

이후 몇 주 동안 코요테 한 마리가 사람들이 멀리 간 사이에 닭을 죽이고 돼지고기 덩어리를 훔치는 것으로 우리를 괴롭혔다. 빙고는 이 동물을 결코 막지 않았다. 결국 그 코요테는 올리버라는 사람에 의해 죽임을 당했다. 빙고는 늘 그를 싫어했다.

VI

사람과 개가 무슨 일이 발생하든 간에 서로를 도와주게 될 방식은 경이롭고 아름답다. 내 친구는 나에게 어떤 사람이 다른 사람의 개를 죽였을 때 갈라섰다는 어느 인디언 부족에 관한 이야기를 해 주었다. '나를 사랑하면 내 개도 사랑하라'는 것이 많은 사람들이 이야기하는 바이다.

우리 이웃 중 한 명은 본인의 생각으로는 세상에서 최고인 데다 가장 사랑스러운 아주 멋진 사냥개를 키웠다. 나는 그를 아주 좋아했으므로 그의 개를 사랑했다. p.95 어느 날 그 불쌍한 개가 심하게 상처를 입고 집으로 기어와 문간에서 죽었다. 나는 그런 짓을 한 사람을 처벌하겠다고 말하고 그가 증거를 수집하는 것을 도왔다. 마침내 우리보다 남쪽에 사는 세 명의 남자 중 한 명이 그 개를 다치게 했음이 틀림없다는 것이 분명해졌다.

그러고 나서 그 개에게 일어났던 일에 대해 내 생각을 바꾸어 놓은 일이 일어났다. 고든 라이트의 농장은 우리 농장보다 남쪽에 있었는데, 그러던 어느 날 고든 주니어가 나에게 남모르게 이야기를 하자고 청했다.

"그 개를 죽인 것은 바로 빙고였어요." 그가 속삭였다.

그러고 나서 나는 다른 사람들이 진실을 찾는 것을 그만두도록 하기 위해서 내가 할 수 있는 일을 다 했다. 나는 오래 전에 빙고를 줘 버렸지만 빙고가 여전히 내 개라는 기분이 들었다. p.96 고든 영감과 올리버는 가까운 이웃이자 친구였다. 그들은 그해 반 년 동안 나무를 베며 함께 일을 했다. 그러고 나서 올리버의 늙은 말이 죽었고 올리버는 그 말을 늑대를 잡을 미끼로 쓰기로 결정했다. 올리버는 말 속에 독약을 넣었다. 하지만 불쌍한 빙고는 늑대처럼 행동했다!

빙고는 모든 말을 좋아했던 것처럼 죽은 그 말을 무척 좋아했다. 그날 밤, 빙고와 라이트네 개인 컬리가 말을 찾아갔다. 빙고는 말고기를 많이 먹지 않은 것 같았다. 하지만 컬리는 잔치를 벌였다. 컬리와 빙고는 집으로 갔다. 컬리는 고든의 발치에서 아주 고통스럽게 죽었다.

어떤 해명이나 사과도 용인될 수 없었다. 고든 영감은 더 이상 올리버와 함께 일할 수 없었다. 고든 영감은 빙고가 항상 자신을 얼마나 싫어했는지 기억하고 있었다. 이때까지 그 가족들은 여전히 싸우고 있다. 빙고가 독약으로부터 정말로 건강을 회복하는 데는 몇 달이 걸렸다. 하지만 봄이 왔을 때 빙고는 기운을 차리기 시작했다. p.97 빙고는 완전히 건강해졌고 다시 이웃들을 괴롭힐 준비를 했다.

VII

여러 가지 변화가 나를 집에서 멀리 데려갔고 1886년에 내가 돌아왔을 때 빙고는 여전히 고든 영감과 살았다. 나는 2년이 지나가 버린 후라 빙고가 나를 잊었을 거라고 생각했지만, 그렇지 않았다. 초겨울의 어느 날 빙고는 한 발이 늑대 덫에 걸린 채 집에 기어왔다. 빙고는 자신에게 가까이 다가가는 사람은 모두 물려고 했다. 나는 발에서 덫을 벗겨 주려고 애썼다. 즉시 빙고가 이빨로 내 손목을 물었다.

"빙고, 나 모르겠어?" 내가 조용히 물었다. 빙고는 내 손을 놓아주고 나와 싸우지는 않았지만 내가 덫을 제거했을 때 빙고는 울었다. p.98 빙고는 몇 년 동안 나를 보지 못했음에도 불구하고 여전히 내가 자신의 주인이라고 생각했다. 빙고는 집 안으로 옮겨졌다. 얼음이 빙고의 언 발 주변에서 녹아 내렸고 그 겨울 동안 빙고는 두 개의 발가락을 잃었다. 하지만 봄이 올 무렵 빙고는 다시 건강해졌다.

VIII

그해 겨울, 나는 덫으로 동물과 모피 사냥을 하러 갔다. 늑대 덫은 힘으로 치면 200파운드가 나가는 무거운 강철로 만들어진다. 덫은 묻혀 있는 미끼 주위에 네 개씩 설치된다. 그런 다음 덫은 통나무에 연결되고 나뭇잎 밑에 숨겨진다.

코요테 한 마리가 이런 덫들 중 하나에 잡혔다. 나는 그 코요테를 죽이고 한쪽으로 던져 놓고는 빨리 그 덫을 다시 설치했다. 나는 덫을 덮을 모래를 좀 가지러 갔는데, 내가 거기에 다른 늑대 덫을 묻어 놓았던 것을 잊어버리고 말았다. 덫은 찰칵 소리를 내며 내 팔을 물고 닫혀 버렸다.

p.99 나는 다치지는 않았지만 내 팔은 덫에 걸렸다. 덫을 여는 버튼을 건드릴 수 있도록 나는 몸을 쭉 늘려 보려고 애썼다. 나는 발가락으로 버튼을 건드리는 것을 실패했다. 나는 몸을 돌려서 다른 발을 사용하려고 애썼다. 모래를 발로 차서 그 덫을 누르려고 하다가 나는 다른 늑대 덫을 쳤다. 내 다리가 끼었다!

처음에 나는 두렵지 않았다. 하지만 몸부림치는 동안 나는 내가 풀려날 수 없다는 것을 깨달았다. 겨울철이었고 날씨는 매우 추웠다. 나는 얼어 죽거나 늑대들이 와서 나를 잡아먹을 수도 있었다!

내가 거기에 누워 있을 때 붉은 해가 졌다. 나는 매우 추웠고 두려웠다. 고든의 집에서는 아마도 사람들이 저녁 식사를 하고 있을 터였다. 나는 내 조랑말에게 소리를 질렀다. 조랑말은 말없이 나를 쳐다보았다. 조랑말은 내가 곤경에 처한 것을 이해하지 못하고 그냥 나를 기다렸다. p.100 이것이 늑대가 덫에 걸렸을 때 느끼는 감정이라는 것을 나는 깨달았다! 이제 내가 그들에게 주었던 모든 고통을 내가 되돌려 받아야 했다.

밤은 천천히 다가왔다. 코요테 한 마리가 울부짖었다. 조랑말이 나에게 걸어왔다. 그때 또 다른 코요테가 울고 또 다른 코요테도 울었다. 그들은 인근에 모이고 있었다. 나는 그들이 나에게 점점 더 가까이 다가오는 소리를 들었다. 조랑말이 그들을 겁주려고 애썼지만 그들을 계속 다가왔다. 그들은 죽은 코요테 냄새를 맡기 시작했다. 나는 소리쳤다. 조랑말은 도망갔다. 코요테들이 죽은 코요테를 먹었다.

코요테들이 앉아서 나를 쳐다보았다. 한 마리가 내 총 냄새를 맡았다. 그들은 내 얼굴에 대고 으르렁대기 시작했다. 코요테들은 나를 먹어 버릴 작정이었다. 갑자기 커다란 검은 늑대가 나타났다. 코요테들은 한 마리만 빼고는 모두 달아났다. 검은 늑대가 그 코요테를 죽였다. 그리고 검은 늑대는 나에게 왔다. 검은 늑대는 내 얼굴을 핥았다! 빙고였다!

p.101 "버튼을 눌러!" 나는 소리치고 자유로운 손으로 가리켰다. 빙고는 내 총을 들고 돌아왔다.

"아니! 버튼!" 마침내 빙고가 버튼을 코로 건드렸고 덫이 열렸다. 나는 자유로워졌다. 빙고는 조랑말을 데리고 왔고 잠시 후 나는 조랑말을 탈 수 있었다. 그런 다음 천천히 우리는 말을 타고 집으로 왔다. 나는 고든이 그날 밤 빙고를 밖으로 내보내 줄 때까지 빙고가 계속 낑낑거렸다는 것을 알았다. 빙고는 나를 도와주고 싶었던 것이었다.

빙고는 이상한 개였다. 다음날 빙고는 나를 못 본 척했다. 또 한 번은 빙고가 독이 든 또 다른 말을 먹었다. 빙고는 아플 때 나를 찾으러 내 집으로 왔다. 나는 집에 없었다. 다음날 나는 빙고가 내 집 앞에서 독 때문에 죽어 있는 것을 발견했다.

스프링필드 여우

|

p.102 한 달이 넘게 암탉들이 수상하게 사라지고 있었다. 내가 그해 여

름에 스프링필드 집에 갔을 때 나는 그 이유를 찾아내야 했다. 이 일은 곧 이루어졌다. 그 동물이 닭들을 한 번에 한 마리씩 가져갔다. 여우였다.

p.103 우리 집 쪽에서 볼 때 강 반대편에 있는 숲에서 나는 여우 발자국과 우리 닭들 중 한 마리에서 빠진 깃털을 발견했다. 나는 까마귀들이 큰 소리로 까악까악 울고 있는 소리를 들었다. 까마귀들 한가운데에서 여우 한 마리가 우리 농장에서 닭 한 마리를 더 나르고 있었다. 까마귀들 또한 강도들이었음에도 불구하고 그들은 나서서 다른 도둑들에 대해 외치고 있었다.

까마귀 떼는 여우가 집에 가는 것을 막으려고 애썼다. 여우가 달렸지만 나도 여우를 쫓기 시작했다. 여우는 암탉을 떨어뜨리고 자기 집으로 뛰어 돌아갔다. 암탉들을 통째로 집으로 나르려고 애쓰고 있었기 때문에 그것은 그 여우가 분명 새끼들이 있는 가족을 거느리고 있다는 것을 의미했다.

그날 저녁, 나는 내 사냥개 레인저와 함께 강을 건너서 숲 속으로 갔다. 우리는 여우가 짖는 소리를 들었다. 레인저는 내가 더 이상 개를 볼 수도, 들을 수도 없을 때까지 빠르게 소리가 나는 쪽으로 달려갔다. p.104 거의 한 시간이 지난 후, 레인저는 헉헉 뜨거운 숨을 내뿜으며 돌아왔다. 8월이었다. 레인저는 내 발치에 누웠다. 하지만 거의 동시에 바로 그 여우가 짖었고, 개는 여우를 쫓아 다시 뛰어갔다.

개는 짖으면서 북쪽으로 달려 어둠 속으로 들어가 버렸다. 그들은 수 마일 떨어진 곳으로 갔던 것이 틀림없다. 땅에 귀를 대어도 그들의 소리를 들을 수가 없었다. 나는 컴컴한 숲에서 기다리고 있었는데, 똑똑 물이 떨어지는 달콤한 소리가 들렸다.

나는 목이 말라서 그 소리를 따라갔다. 하지만 그 소리는 나를 참나무로 이끌었다. 그것은 물이 아니었다! 그것은 올빼미의 '물 떨어지는 소리가 나는' 노래였다. 하지만 갑자기 레인저가 돌아왔다. 개는 무척 지쳐 있었다. 개의 혀는 입 밖으로 늘어져 있었고 개는 헉헉거리며 숨을 쉬었다. 개는 나를 핥고 나서 땅에 쓰러졌다.

우리는 몇 피트 떨어진 곳에서 다시 여우가 짖는 소리를 들었다. p.105 우리가 여우 새끼가 있는 보금자리 가까이 있는 것이 틀림없었다. 커다란 여우들이 번갈아 개와 달리고 있었다. 당장은 한밤중이었으므로 우리는 집으로 갔다.

‖

인근에 가정을 꾸린 늙은 여우가 살고 있다는 것은 잘 알려져 있었다. 이 여우는 눈에서 귀 뒤쪽까지 난 흉터 때문에 '스카페이스'라고 불렸다. 이 흉터는 토끼 사냥을 하는 동안 철조망 울타리에서 그에게 주어진 것이었다.

지난겨울에 나는 그 여우와 우연히 만났고 그 녀석이 영리하다는 것을 알았다. 나는 사냥하러 나갔고 내 앞 들판에서 여우가 걸어 다니고 있는 것을 보았다. 나는 여우가 덤불 속으로 들어갈 때까지 움직이는 것을 멈췄다. 나는 더 이상 여우를 볼 수 없었다. 나는 덤불 반대편으로 달려가서 여우가 그쪽으로 나타나기를 기다렸지만, 어떤 여우도 나오지 않았다. p.106
나는 내 뒤쪽으로 멀리 있는 스카페이스를 보려고 뒤돌아섰는데 그곳에서는 총을 쏠 수가 없었다. 여우는 미소 짓는 것 같았다.

내가 여우를 본 그 순간에 여우도 나를 보았지만, 여우는 신경 쓰지 않는 척했다. 그런 다음 여우는 아주 빨리 내 뒤쪽으로 달렸다. 이제 여우는 미소 짓고 있었다.

봄에 나는 친구와 지대가 높은 들판 너머로 난 길을 따라 걷고 있었다. 우리는 몇몇의 회색과 갈색 바위들이 있는 절벽을 지나갔다.

"3번 돌이 나한테는 자고 있는 여우랑 아주 흡사해 보여." 내 친구가 말했다. 하지만 나는 그것을 볼 수가 없었고 우리는 지나쳤다. 우리는 멀리 걸어갔고 바람이 그 바위들에 불었다.

"저것은 자고 있는 여우가 확실해." 내 친구가 말했다.

"어디 한번 보자고." 나는 대답하고 보려고 뒤로 돌았다. 갑자기 스카페이스가 뛰어오르더니 도망갔다. 여우는 숨기 위해서 누런 풀밭으로 뛰어 들어갔다. p.107 여우는 내내 우리를 지켜보고 있었던 것이고 자신이 바위처럼 보인다는 것을 알고 있었다. 우리는 곧 우리 숲을 자신의 집으로 삼으려고 하고 우리의 헛간에서 먹이를 훔쳐 왔던 것이 바로 스카페이스와 그 아내 빅슨이라는 것을 았았다.

다음날 소나무 숲에서 우리는 땅에 난 긁힌 자국들을 보았다. 땅속에 보금자리를 만들 때 여우는 가끔 가짜 구멍을 파고 난 다음에 진짜 구멍을 만든다. 이런 식으로 여우의 적들은 속아 넘어간다. 그래서 나는 안에 새끼 여우들의 보금자리가 있을 수도 있는 진짜 구멍을 찾아보았다. 나는 진짜 보금자리가 어디에 있는지에 대한 증거를 발견했다.

다음날 햇살이 따뜻할 때 나는 어떤 나무로 올라갔다. 나는 관찰하려고 그곳에 갔다. 나는 곧 여우 가족을 보았다. 새끼 여우 네 마리가 있었다. 그들은 털이 촘촘히 났고 천진난만해 보였다. 하지만 그들의 예민한 코는 언젠가 그들이 영리한 여우가 될 것임을 보여 주었다. p.108 그들은 양달에서 놀았다. 그들은 어떤 소리를 듣고 보금자리로 돌아갔다. 그것은 어미 빅슨이었다. 어미는 암탉을 나르고 있었다. 어미가 새끼들을 보금자리 밖으로 불러냈다.

그들은 암탉에게 뛰어들어 닭고기를 차지하려고 싸우고 닭고기를 먹었다. 어미의 얼굴은 항상 교활하고 사나웠다. 그러나 새끼들을 볼 때면 어미 늑대는 자랑스러워 보였고 사랑이 넘쳐 보였다. 나는 여우들을 겁주지 않고 오르락내리락할 수 있었다.

며칠 동안 나는 그곳에 가서 어린 새끼들의 훈련을 많이 보았다. 새끼들은 움직임을 멈추고 꼼짝 않고 있는 법이나 위험을 보고 도망치는 법을 일찍 배웠다. 빅슨은 자주 생쥐들이나 새들을 산 채로 집으로 가져와서 새끼들에게 사냥하는 법을 가르쳤다. 빅슨은 좋은 어미였지만 다정하지는 않았다.

저 너머 과수원에 사는 마멋이 있었다. 잘생기지도 재미있지도 않았지만 마멋은 자신을 돌보는 법을 알았다. p.109 마멋은 여우들이 땅을 파서 자신을 쫓아올 수 없도록 오래된 소나무 그루터기의 뿌리 사이에 둥지를 팠다. 하지만 여우들은 힘든 일을 좋아하지 않는다. 여우들은 머리를 쓰는 것을 좋아한다.

어느 날 아침, 빅슨과 그녀의 작은 새끼들이 마멋에 대해 배울 시간이라고 결정한 것 같았다. 그래서 그들은 몰래 이 마멋의 보금자리로 갔다. 스카페이스는 굴 앞으로 걸어 나갔다. 마멋은 스카페이스를 보았지만 여우는 그를 못 본 척했다. 마멋은 자신의 굴로 들어갔다.

이것이 여우들이 원하는 것이었다. 빅슨은 그루터기로 뛰어가서 그 뒤에 숨었다. 마멋은 구멍 밖을 내다보았다. 마멋은 스카페이스가 떠나고 있는 것을 보았다. 마멋은 더 용기를 냈고 굴을 떠났다. 빅슨이 마멋에게 달려든 다음 마멋이 움직이는 것을 멈출 때까지 흔들었다. p.110 스카페이스는 빅슨이 마멋을 보금자리로 가지고 돌아가는 것을 보았다.

빅슨은 입에 아직 살아 있는 마멋을 물고서 굴로 되돌아갔다. 빅슨은 부상당한 동물을 자기 새끼들에게 던져 주었고, 새끼들은 모두 물기도 하고 장난을 치기 시작했다. 마멋은 반격했다. 마멋은 도망가고 새끼들은 마멋을 쫓아갔다. 새끼들은 새끼 중 한 마리가 심하게 물릴 때까지 계속해서 마멋을 쫓았다. 빅슨은 그때 마멋을 죽였다.

보금자리에서 멀리 떨어지지 않은 곳에 몇몇 들쥐의 놀이터가 있었다. 쥐는 잡기가 아주 쉬웠기 때문에 이곳은 여우들이 사냥하는 것을 배우는 곳이었다.

그래서 어느 날 저녁에 가족이 이 들쥐 들판으로 갔고 어미 여우는 새끼들에게 풀밭에 숨도록 시켰다. 여우들은 쥐가 찍찍거리는 소리를 들었다. 빅슨은 몸을 일으키고 구경하려고 뒷발로 섰다. 깊은 풀밭에서 들쥐들을 보는 유일한 방법은 풀이 움직이는 것을 관찰하는 것이다. 그래서 들쥐들은 오로지 바람이 불지 않는 날에만 사냥을 할 수 있다. p.111 빅슨은 곧 죽은 풀 다발 가운데로 뛰어들었고 들쥐 한 마리를 움켜잡았다.

들쥐는 곧 잡아먹혔고 네 마리의 서투른 새끼 여우들이 어미가 한 것처럼 똑같이 해 보려고 시도했다. 결국 맏이가 생전 처음으로 무언가를 잡았다. 새끼 여우는 흥분해서 진주처럼 하얀 이빨로 그 작은 쥐를 먹었다.

다음 가정교육은 붉은날다람쥐에 대한 것이었다. 이 시끄러운 존재들 중 하나가 근처에 살았고 나무에서 여우들에게 소리 치곤 했다. 새끼 여우는 다람쥐를 잡을 수가 없었다. 하지만 빅슨은 다람쥐를 잘 알았다. 빅슨은 새끼들을 숨기고 들판 한가운데 납작하게 누웠다. 다람쥐가 빅슨에게 소리치면서 점점 더 가까이 다가갔다.

"이 바보 녀석아!" 다람쥐가 소리쳤다.

p.112 하지만 빅슨은 죽은 것처럼 행동했다. 이 일은 매우 혼란스러워서 다람쥐는 펄쩍 뛰어 내려와서 다른 나무로 달려갔다.

"넌 쓸모가 없구나!" 다람쥐가 소리쳤다. 하지만 빅슨은 여전히 움직이지 않았다. 이것이 다람쥐를 궁금하게 만들었다. 다람쥐는 다시 빅슨에게 점점 더 가까이 다가갔다. 다람쥐는 소리를 지르고 또 질렀다. 다람쥐는 여우 머리에 무언가를 떨어뜨렸다. 그래도 빅슨은 움직이지 않았다. 그래서 몇 번 더 뛰어다닌 후에 다람쥐는 빅슨을 자세히 지켜볼 수 있는 몇 발자국 거리 안으로 갔다. 빅슨은 뛰어올라서 다람쥐를 움켜잡았다. 새끼들은 다람쥐를 먹었다.

새끼 여우들은 사냥의 기초 지식들을 배웠다. 매일 새끼 여우들은 강해졌고 어미는 그들에게 더 많이 가르쳐 주려고 더욱 더 멀리 그들을 데려갔다.

모든 먹이 유형에 대해 새끼 여우들은 사냥하는 방법을 배웠다. 모든 동물들이 큰 장점을 하나씩 가지고 있다. 그렇지 않으면 그들은 살 수가 없을 것이다. 그들은 모두 큰 약점도 하나씩 가지고 있다. 그렇지 않으면 다른 동물들이 살 수가 없을 것이다. 다람쥐의 약점은 멍청한 호기심이었다. p.113 여우의 약점은 나무를 오를 수 없다는 것이다. 새끼 여우들은 다른 동물들의 약점을 배우도록 훈련받았다.

여기 말 한 마디 하지 않고 여우가 나에게 가르쳐 준 것들이 있다.

등을 대고 누운 상태로 절대 잠자지 마라.

눈보다는 코를 믿어라.

바보는 바람이 부는 쪽으로 달린다.

흐르는 물을 믿어라.

숨을 수 있다면 결코 탁 트인 곳으로 들어가지 마라.

직선 흔적은 결코 남기지 마라.

낯설다면 위험한 것이다.

흙과 물은 냄새를 소진시킨다.

토끼가 있는 숲에서 들쥐를 사냥하거나 닭이 사는 곳에서 토끼를 사냥하지 마라.

풀밭에 가지 마라.

마지막으로 냄새를 맡을 수 없는 상대는 쫓아가지 마라. p.114 만약 그것의 냄새를 맡을 수 없다면 그때는 바람이 불고 있는 방향이 상대가 너의 냄새를 맡을 수 있다는 것을 의미한다.

하나씩 하나씩 새끼 여우들은 그들의 집인 숲의 새들과 짐승들을 배웠다. 그러고 나서 집을 떠날 수 있을 때 새끼 여우들은 새로운 동물들을 배웠다. 새끼 여우들은 움직이는 모든 것의 냄새를 안다고 생각하기 시작하고 있었다. 하지만 어느 날 밤에 어미가 낯선 검은 것이 땅 위에 있는 들판으로 새끼 여우들을 데리고 갔다. 그것의 냄새를 맡자마자 새끼 여우들은 증오와 두려움을 느꼈다.

"저것은 인간들의 냄새다." 빅슨이 말했다.

Ⅲ

그동안 암탉들은 계속 사라졌다. 나는 닭들보다 여우들이 더 좋았기 때문에 삼촌에게 여우들에 대해서 말씀드리지 않았다. 삼촌을 기쁘게 해 드리기 위해 나는 레인저를 여우가 사는 숲으로 데리고 갔다. p.115 나는 앉아서 개가 여우를 쫓는 것을 지켜보았다.

잠시 후, 나는 여우들이 돌아오는 소리를 들었다. 거기서 나는 스카페이스가 시내 옆에서 달리고 있는 것을 보았다. 스카페이스는 시내를 건너서 내 쪽으로 곧장 왔다. 스카페이스는 나를 보지 못했다. 나는 스카페이스가 앉아서 개를 쳐다보는 것을 보았다. 레인저는 흐르는 물 쪽으로 가서 혼란스러워 했다. 사냥개는 강 상류로 달려가기 시작했다.

여우는 계속해서 개를 관찰하고, 나는 여우를 관찰했다. 개를 보았을 때 여우는 여전히 예민해 보였다. 여우의 입은 벌어졌고 어리석은 사냥개를 비웃는 것 같아 보였다. 스카페이스 영감은 개가 완전히 냄새를 잃어버린 것 같았을 때 무척 행복해 보였다.

사냥개가 언덕을 올라오자마자 여우는 조용히 숲으로 들어갔다. 나는 단지 10피트 떨어져 앉아 있었다. p.116 하지만 나는 바람을 받고 있었고 움직이지 않았으므로 여우는 자신이 가장 두려워하는 적이 자신의 뒤쪽에 있는 것을 결코 알지 못했다. 레인저는 내 옆을 걸어갔다. 내가 개를 불렀고 개는 순하게 내 발치로 왔다.

며칠간 이런 코미디가 반복해서 일어났다. 삼촌은 조급해지셨다. 삼촌은 직접 숲으로 가셨다. 여우는 다시 개를 속이려고 애썼고 삼촌은 내가 한 방식대로 기다리셨다. 삼촌은 스카페이스의 등에 총을 쏘셨다.

IV

하지만 여전히 암탉은 사라지고 있었다. 삼촌은 화가 나셨다. 삼촌은 독이 든 미끼를 온 숲에다 놓아 두셨다. 삼촌은 내가 사냥에 소질이 없다고 불평하셨다. 삼촌은 총과 개를 데리고 당신이 무엇을 죽일 수 있었는지 보러 가셨다.

빅슨은 독이 든 미끼가 무엇인지 알았다. 빅슨은 그 미끼를 먹지 않으려고 했다. 과거에는 스카페이스 영감이 언제나 개를 가족에게서 멀리 몰아낼 채비가 되어 있었다. p.117 그러나 이제는 빅슨이 온 가족을 돌보아야 했으므로 빅슨은 더 이상 개들을 보금자리에서 멀리 데려가지 못했다. 레인저가 빅슨의 흔적을 쫓아 보금자리까지 왔고, 폭스테리어인 스팟이 집에 여우 가족이 있다고 알린 다음 여우들을 쫓아 들어가려고 최선을 다했다.

모든 비밀이 이제 드러났고 여우 가족 전체는 곤경에 처했다. 삼촌은 삽으로 그들을 파내기 위해 사람을 고용하셨다. 빅슨은 우리와 개들이 지켜보고 있는 것을 눈치챘다. 빅슨은 개들이 양을 쫓게 만들어서 멀리 데리고 갔다. 빅슨은 돌아왔고 우리가 여전히 그곳에 있는 것을 보았다. 빅슨은 우리가 새끼들을 떠나게 하려고 노력했다. 그동안 삽을 들고 있는 남자는 계속 땅을 파고 있었다. 한 시간 후에 그가 멈췄다.

"여기 있군!" 그가 소리쳤다.

p.118 네 마리의 새끼가 보금자리 뒤쪽에 숨어서 우리를 쳐다보고 있었다. 내가 그들을 막을 수 있기도 전에 그 남자가 새끼 두 마리를 삽으로 죽이고 폭스테리어가 세 번째 새끼를 죽였다. 나는 네 번째 새끼의 꼬리를 잡고 개들에게서 멀리 들고 있었다.

새끼가 울었고 불쌍한 어미는 소리를 듣고 왔다. 빅슨은 총에 맞을 만큼 가까이 있었지만 개들이 빅슨과 총 사이에 있었다. 아직 살아 있는 새끼는 가방에 떨어뜨려졌고, 그곳에서 새끼는 움직일 수가 없었다. 남자는 다른 새끼 세 마리를 땅에 묻었다. 우리는 집으로 돌아왔다. 우리 중 누구도 마지막 여우 새끼를 죽이고 싶어 하지 않아서 우리는 그 녀석을 집 밖에 쇠사슬로 묶어 두었다.

새끼는 예뻤고 여우와 어린 양을 둘 다 닮았다. 털이 새끼를 다정하고 순진하게 보이게 했지만 노란 눈은 교활함과 분노를 보여 주었다. 누구라도 가까이 있는 동안에는 새끼는 상자 뒤에 숨었다.

p.119 나는 창문에서 새끼를 관찰하곤 했다. 암탉들이 낮 동안에는 새끼의 주위를 걸어 다니곤 했다. 새끼는 암탉들을 쫓으려고 해 보았지만 쇠사슬로부터 달아날 수는 없었다. 그러면 새끼는 슬프게 다시 상자 속으로 돌아가 앉았다.

밤이 왔을 때 새끼는 예민해졌다. 새끼는 상자를 나와서 쇠사슬을 발로 차고 잡아당겼다. 갑자기 새끼는 공중으로 코를 치켜들었다. 새끼는 귀를 기울이더니 낑낑 울었다. 그러자 대답이 왔다. 어미가 어둠에서 나와 새끼에게 왔다. 어미는 입에 새끼를 물고 집으로 데리고 가려고 했다. 그때 쇠사슬이 새끼를 어미의 입 밖으로 다시 잡아당겼다.

한 시간 후에, 새끼는 움직임과 울음을 멈췄다. 달빛 속에서 나는 어미 여우가 잔인한 사슬을 물어뜯고 있는 것을 보았다. 새끼 여우 팁은 어미젖을 먹고 있었다. 나는 밖으로 나갔다. 어미는 도망갔다. p.120 나는 죽은 쥐 두 마리를 새끼 여우 옆에서 발견했다.

나는 숲 속의 여우 보금자리로 갔다. 마음이 찢어지는 불쌍한 어미는 죽은 새끼들의 작은 사체를 파내었다. 새끼 세 마리는 이제 모두 깨끗한 털을 가지고 있었다. 죽은 새끼들 옆에는 또한 죽은 암탉 두 마리가 있었다. 어미는 죽은 새끼들 옆에 누워 새끼들에게 그것을 먹이려고 애썼다. 어미는 죽은 새끼들에게 간절히 먹이를 먹이고 싶어 했지만 그들은 미동도 하지 않았다.

어미는 슬퍼하면서 몇 시간 동안 죽은 새끼들을 지켜보았다. 하지만 그 날 밤 이후 어미는 결코 다시는 보금자리로 가지 않았다. 빅슨은 새끼들이 죽었다는 것을 깨달았다. 이제 빅슨은 마지막 새끼를 구하기로 결심했다. 개들은 닭들을 보호하기 위해 밤에는 집 밖에 남겨졌다. 삼촌이 돈을 지불한 남자와 나는 여우를 쏘아 죽이라는 말을 들었다. 닭 머리에는 독이 발라졌고 숲 여기저기에 흩뿌려졌다.

그러나 매일 밤, 빅슨은 새끼에게 먹이를 먹이고 새끼에게 죽은 동물들을 가져다주려고 그곳에 왔다. p.121 계속해서 나는 빅슨을 보았다. 둘째 날 밤에 어미 여우는 다시 왔다. 빅슨은 쇠사슬 옆에 구멍을 파고 거기에 사슬을 넣었다. 빅슨은 쇠사슬을 묻었다. 빅슨은 쇠사슬을 사라지게 만들었다고 생각한 것 같았다. 빅슨은 어린 새끼의 목을 물고 새끼와 함께 도망치려고 애썼다. 쇠사슬이 다시 새끼를 뒤로 잡아당겼다.

새끼는 울고 상자로 되돌아갔다. 30분 후, 개들이 짖기 시작했고 나는 개들이 빅슨을 쫓고 있다는 것을 알았다. 그들은 철로 쪽 방향인 북쪽으로 갔다. 다음날 아침 개 한 마리가 집에 오지 않았다. 우리는 곧 이유를 알았다. 여우들은 개를 철로로 이끄는 법을 배워 왔다. 여우들의 냄새는 철 위에서는 찾기가 힘들고 기차가 개들을 쳐서 죽일 가능성도 있었다.

p.122 그날 이후, 우리는 철로에서 레인저의 사체를 발견했다. 그날 밤에 빅슨은 우리 집으로 돌아와서 다른 암탉을 죽였다. 새끼는 어미젖을 먹었다. 그 죽은 암탉 때문에 삼촌은 빅슨이 밤에 오고 있다는 것을 알아채셨다. 나는 빅슨을 너무 좋아해서 녀석을 죽이는 것을 도울 수 없었다. 다음날 밤에, 삼촌은 직접 한 시간 동안 망을 보았다. 그리고 나서 삼촌은 여우를 지켜보라고 패디라는 남자를 남겨두셨다.

하지만 패디는 예민한 남자였다. 패디는 모든 것에 총질을 했고 여우를 맞히는 데 실패했다. 그 다음 이틀간 아침이면 삼촌과 삼촌의 친구 몇 분이 다시 여우를 기다리셨다. 어미가 이틀 밤을 새끼를 찾아와 새끼에게 먹이를 가져다주었던 것이 분명했다. 하지만 그분들은 여전히 어미를 죽일 수 없었다.

이 같은 용기는 남자들이 어미 여우를 높이 평가하게 만들었다. 우리 중 어미 여우를 쏴 죽이기 위해 다시 기다리고 싶어 하는 사람은 거의 없었다. 어미가 다시 올 것인가? 어미의 사랑은 매우 강렬했다. 그날 밤, 나는 창문으로 여우를 보았다. p.123 새끼가 울었고 어미가 다시 왔다. 하지만 빅슨은 이번에는 먹이를 가지고 오지 않았다. 왜일까? 우리가 새끼에게 먹이를 먹여 준다고 믿었던 것일까?

아니었다. 어미의 마음과 증오는 진실한 것이었다. 빅슨은 자신이 할 수 있는 어떤 방법으로든 새끼를 풀어 주기로 결심했다. 하지만 모든 것이 실패했다. 그림자처럼 어미는 왔다가 잠시 후 사라졌다. 새끼는 어미가 떨어뜨렸던 것은 무엇이든 먹기 시작했다. 갑자기 새끼가 비명을 질렀다. 새끼는 몸을 떨더니 죽었다.

빅슨에게 있는 모성애는 강했지만 빅슨은 자기 아들이 포로로 살게 놔둘 수는 없었다. 빅슨은 독의 힘을 알았다. 만약 새끼가 살아서 더 나이를 먹었더라면 빅슨은 새끼에게 독을 먹지 말라고 가르쳤을 것이다. 하지만 어미는 자유를 누리지 못하는 것보다는 죽는 것이 새끼에게 더 낫다는 결정을 내렸다.

그해 겨울 우리는 빅슨이 숲을 떠났다는 것을 알아차렸다. p.124 빅슨이 어디로 갔는지 우리는 결코 알 수 없었다. 아마도 빅슨은 죽은 가족을 잊기 위해 다른 숲에 갔을 것이다. 아니면 빅슨은 아마도 자신에게 남은 마지막 새끼에게 했던 것과 같은 방법으로 그들과 함께하겠다고 결정했을지도 모른다.

달리는 야생마

I

p.125 조 캘런은 안장을 먼지투성이 바닥에 던져놓고 목장에 있는 집으로 들어갔다.

"밥 먹을 시간이 됐나?" 조 캘런이 물었다.

"17분 남았어." 요리사가 말했다.

p.126 "소 방목장에서의 일은 어때?" 조의 동료가 물었다.

"더워도 너무 덥지." 조가 말했다. "소들은 괜찮은 것 같아. 송아지도 많고. 물 근처에서 한 무리의 야생마들을 봤어. 그 말 무리에 지금 수망아지가 몇 마리 있더라. 나는 그들을 한동안 쫓았는데 목이 말라서 중단해야 했어."

"물 안 가져갔어?" 스카스가 말했다.

"너도 야생마들을 쫓을 기회가 있을 거야, 스카스." 조가 말했다.

"음식 나왔어." 요리사가 소리쳤고 우리는 이야기하던 것을 멈추고 야생마는 잊어버렸다.

일 년 후 뉴멕시코의 바로 그 지역에서 우리는 야생마들을 다시 보았다. 짙은 밤색의 수망아지는 이제 까매졌고 한 살이 되었다. 수망아지는 긴 다리를 가지고 있어서 빠르게 달리도록 타고난 듯 보였다. 내 친구 조는 그 말을 가져야겠다고 결심했다. 하지만 야생마를 갖는 것은 대체로 좋은 생각이 아니다. 야생마들은 함께 일하기 쉽지 않고 아무도 그들을 사고 싶어 하지 않는다.

p.127 어떤 카우보이들은 야생마가 소들의 먹이를 가져가고 잘 길들여진 말들을 꾀어낸다는 이유로 심지어 그들을 쏘아 버리기도 한다.

"흰색 말들은 너무 온순해. 갈색 말은 예민하지. 하지만 검은 말은 강인해. 그들은 사자들과도 맞설 수 있어." 조는 나에게 말했다. 검은 야생마는 무척 강인해서 사람들은 보통 대부분의 말보다 그들을 더 싫어한다.

조는 또 다른 목장주를 위해서 일했고 돈이 많지 않았다. 하지만 조의 꿈은 자기 소유의 목장을 갖는 것이었다. 조는 자신의 낙인을 찍을 수 있는 소를 딱 한 마리 가지고 있을 뿐이었다. 하지만 조는 여름 내내 일한 돈을 받는 매년 가을이면 늘 도박을 했다. 조는 자기 물건들과 한 마리뿐인 암소도 잃었다. 조는 무언가 딸 것이라는 희망을 계속 가졌다. 조는 검은 야생마를 얻을 필요가 있었다.

p.128 조는 그 어린 검은 말에 대해서 점점 더 많이 듣기 시작했다. 그 말은 달리는 속도로 유명해지고 있었다.

앤틸로프 샘은 대초원 가운데에 있다. 때로는 수위가 높고 호수가 컸다. 다른 때는 수위가 낮고 검은 진흙이 많았다. 이곳은 검은 야생마가 가장 좋아하는 먹이 먹는 장소였지만, 이곳은 또한 다른 말들과 소들이 먹이를 먹는 곳이기도 했다.

소목장 회사의 주인인 포스터는 열 마리의 암말을 가지고 있었는데 그 말들은 절반은 야생마나 마찬가지였다. 이 말들 중 한 녀석은 마구간에 갇혔지만 다른 아홉 마리는 목장에서 달아났다.

이 아홉 마리 말들은 앤틸로프 샘의 대초원에서 20마일을 걸어갔다. 그해 여름이 끝날 무렵에 포스터는 그 말들을 잡으러 갔다. 포스터는 그 말들을 발견했지만 석탄처럼 새까만 종마가 그들을 지키고 있었다. 그 종마의 짙은 검은색 털은 암말들의 황금색 털과 대조를 이루었다. p.129 대개 암말들은 온순했고 집으로 데려오기가 쉬웠을 것이다. 그 검은 종마는 암말들이 야생마인 것처럼 느끼게 만들었다. 종마가 달리면 암말들이 그 종마를 따랐다.

회사에서 온 남자들은 그 종마를 총으로 쏘고 싶어 했지만, 만약 그들이 그 종마를 쏘면 암말들을 맞힐 수도 있었다. 심지어 긴 하루가 끝난 후에도 검은 말은 자기 가족을 함께 있게 했다. 카우보이들은 패배자로서 집으로 돌아가야 했다. 가장 나쁜 것은 암말들이 곧 그 야생마만큼이나 난폭해질 것이라는 점이었다.

유난히 강하고 힘 있는 동물들은 항상 다른 동물들을 그들에게 끌어당긴다. 그리고 이 대단한 검은 말은 자신의 새까만 갈기와 꼬리, 초록 눈으로 많은 암말들을 매혹시켰다. 대부분은 그저 목장용 조랑말이었는데, 그 아홉 마리의 암말도 역시 거기에 속했다.

p.130 모든 보고에 따르면, 그 검은 말은 엄청난 정력과 질투심으로 자기 암말들을 지켰다. 암말들은 일단 그 검은 말의 무리에 합류하면 결코 떠나지 않았다. 그래서 카우보이들은 그 검은 말을 싫어했다.

||

때는 1893년 12월이었다. 나는 그곳으로 막 이사 왔고 포스터를 위해 일하고 있었다.

"검은 야생마를 보면 쏴 버리게." 포스터가 나에게 말했다.

이것이 내가 그 말에 대해 처음으로 들은 것이었다. 나는 그 유명한 말을 보고 싶은 호기심이 가득 생겼다. 다음날 앞서서 말을 타고 가던 잭이 갑자기 자기 말의 목 위로 낮게 몸을 숙였다.

"총을 꺼내." 잭이 우리에게 말했다. "여기 그 종마가 있어."

나는 내 총을 잡고 앞으로 급히 나갔다. 나는 대단한 그 검은 야생마를 보았다. 그 녀석은 우리가 다가오는 소리를 듣고 우리를 찾고 있었다.

p.131 그 말은 완벽하고 아름답고 품위 있어 보였다. 나는 그 말을 총으로 쏠 생각을 할 수가 없었다. 나는 주저했다. 잭은 나에게서 총을 잡아채 쏘았다.

즉시 그 무리는 함께 모였고 검은 종마에게 이끌려 달리기 시작했다. 종마는 자기 무리 주위를 달리며 무리를 앞으로 이끌었다. 내가 그 말들을 볼 수 있는 동안에 그 녀석은 결코 속도를 늦추지 않았다. 잭은 나에 대해 불평했다. 하지만 나는 그 말을 절대 쏘지 않을 것이다.

|||

야생마를 생포하는 데는 여러 가지 방법이 있다. 하나는 총알이 그냥 말의 옆구리를 베도록 말에게 총을 쏘는 것에 의한 것이다. 이것은 말을 잡을 수 있도록 말이 움직이는 것을 멈추게 한다.

"나는 그렇게 하려고 하다가 카우보이들이 죽는 것을 봤어." 와일드 조가 말했다. p.132 "나는 그런 식으로 말을 잡는 사람은 본 적이 없어."

그 종마의 명성은 높아지고 있었다. 모두 그 종마의 속도와 아름다움에 대해서 말했다. 부유한 어떤 지역 인사는 그 종마를 산 채로 잡을 수 있는 사람에게 1천 달러를 주겠다고 약속했다. 12명의 젊은 카우보이들이 몹시 그 돈을 타고 싶어 했다. 와일드 조는 오랫동안 이 말에 대해 생각하고 있었다. 조는 밤새 그 말을 잡기 위해 필요한 것들을 사는 데 시간을 썼다.

조는 자신의 전 재산을 썼고 친구들에게서도 돈을 빌렸다. 20마리의 좋은 말들과 마차, 2주 동안 세 사람이 쓸 물품을 마련했다. 조는 자기 동료 찰리와 요리사와 함께 갔다.

그들은 이 야생마를 따라 내려갈 예정이었다. 사흘째 되는 날, 그들은 앤틸로프 샘에 도착했고 시간은 거의 정오 무렵이었다. 그들은 검은 말이 자기 무리와 물을 마시는 것을 보고도 놀라지 않았다. p.133 조는 숨어서 조용히 그 말들을 관찰했다.

그런 다음 조는 말을 조용히 앞으로 몰았다. 검은 말은 조를 알아채고 자기 무리를 데리고 떠났다. 조는 따라갔다. 조는 그 말들을 다시 보았다. 조는 요리사에게 그의 말들을 남쪽으로 데리고 가라고 말했다. 그러고 나서 그는 남동쪽으로 떠나 그 야생마를 쫓았다. 1~2마일 간 후에 조는 다시 한 번 그 말들을 보았다. 말들은 다시 뛰기 시작했다. 조는 그 말들이 요리사가 가기로 한 곳 근처인 남쪽에 있을 때까지 이런 식으로 계속 그 말들을 쫓았다. 조는 자기 마차와 동료를 만났다. 저녁 식사 후에 그들은 마차를 옮기고 야영을 했다.

그동안 찰리는 그 말 무리를 따라갔다. 말들은 찰리의 동행에 익숙해지고 있었다. 달은 밝았고 무리 중에 흰 암말이 있어서 그들은 찾기가 쉬웠다. 찰리는 말들이 더 이상 보이지 않을 때까지 조용히 그 무리를 따라 계속 걸었다. p.134 그러고 나서 찰리는 자러 갔다.

새벽에 찰리는 일어나서 다시 그 무리를 따라가기 시작했다. 찰리의 접근에 말들은 다시 뛰기 시작했다. 하지만 그런 다음 말들은 찰리가 무엇을 원하는지를 알아보기 위해 그를 쳐다보려고 멈춰 섰다. 한동안 말들은 찰리를 쳐다보며 서 있었다. 마침내 검은 말이 뒷다리로 일어서고 다시 다른 말들을 데리고 떠났다.

말들이 이제 서쪽으로 원을 그리며 멀리 떠났다. 조는 말들이 아침 내내 달리는 것을 쳐다보고 있었다. 연기 신호를 이용해서 조는 찰리에게 야영지로 오라고 했고 찰리는 회중경을 태양에 비추어서 대답했다. 조는 다시 그 말들을 쫓기 위해 자기 말에 올라탔다. 찰리는 휴식을 취하고 식사를 하기 위해서 돌아갔다.

그날 하루 종일 조가 따라다녔다. 해질 무렵 조가 베르데 교차로에 왔을 때 새 말과 음식을 가지고 찰리가 있었고 조는 계속해서 추적했다. p.135 저녁 내내 그리고 밤이 깊어지도록 조가 따라다녔다. 야생마 무리는 이 낯선 사람들에게 더 익숙해지기 시작했다. 게다가 말들은 여행하는 데 지쳤다. 말들은 목이 마르고 배가 고프고 또 예민해졌다. 조는 마침내 그날 밤 야영을 했다.

새벽에 조는 말들을 발견했다. 비록 처음에는 도망갔지만 말들은 멀리 가지 않아 걷는 것으로 속도를 떨어뜨렸다. 전쟁은 이제 거의 이긴 것처럼 보였다. 처음 며칠 동안 무리를 추적하는 것이 가장 힘든 부분이었다.

그날 아침 내내 조는 말들의 무리 근처에 머물렀다. 10시쯤에 찰리가 조와 교대했다. 말들은 전보다 더 천천히 기운 없이 걸었다. 밤에 찰리는 새 말로 갈아타고 전처럼 따라다녔다. 다음날 야생말들은 천천히 걸었다. p.136 말들은 자기들의 추적자에게서 멀리 가지 않았다.

나흘째와 닷새째도 같은 방식으로 지나갔으며, 이제 말들의 무리는 거의 다시 앤틸로프 샘으로 돌아왔다. 지금까지는 모든 것이 거의 예상했던 대로 이루어졌다. 추적은 커다란 원 안에서 행해졌다. 야생마 무리는 지쳤고 사냥꾼들에게는 새 말들이 있었으며 상태가 좋았다. 야생마 무리는 오후 늦게까지 물을 마시지 못했고 그런 다음에야 물을 마시러 샘으로 몰렸다. 이제 카우보이들이 그 말을 잡을 기회가 왔다.

한 가지 문제가 있을 뿐이었다. 사냥의 원인인 검은 종마는 결코 지친 것 같지 않았다. 종마는 다른 말들이 달리게 하려고 애썼지만 그들은 달리려고 하지 않았다. 흰 암말은 이미 죽었다. 반야생 암말들은 카우보이들을 두려워하지 않았다.

여기에 수수께끼가 있었다. 조는 종마를 쏘지 않으려고 했다. 조는 그 말이 천천히 달리는 것을 한 번도 본 적이 없었다. p.137 이 말에 대한 조의 존경심은 계속 커져가기만 했다. 조는 심지어 상금을 타지 않을 결심까지 했다. 대신 그는 매우 빠른 말을 사육할 수 있을 것이다.

하지만 사냥을 끝내야 할 때가 왔다. 조는 가장 좋은 말을 탔다. 이 말은 암말로, 조는 이상한 약점 때문에 이렇게 좋은 말을 가질 수 있었다. 로코는 이 지역에 자라는 독초이다. 만약 동물이 로코를 먹으면 그것에 중독될 것이다.

조가 가지고 있는 가장 좋은 말의 눈에는 이 말이 중독되었음을 보여주는 야생의 눈빛이 서려 있었다. 하지만 이 암말은 날쌔고 힘이 셌다. 이제 그들은 암말들을 쉽게 집으로 데리고 올 수 있었다. 하지만 그 검은 말은 여전히 야성의 힘을 지니고 있는 모습을 하고 있었다. 조는 밧줄을 준비시켜 자신의 훌륭한 적수와 싸울 준비를 했다.

p.138 그러고 나서 조는 자신의 암말을 검은 종마 쪽으로 가능한 빠르게 달리도록 했다. 종마가 달려가면 조도 달려갔다. 지친 암말들은 종마가 지나가는 것을 쳐다보았다. 넓은 평야를 곧장 건너 암말은 자신의 최고 속도로 달렸다.

그것은 믿을 수 없을 정도로 놀라웠고 조가 그의 말을 점점 더 빠르게 달리게 했지만 암말은 여전히 그 검은 말을 따라잡을 수 없었다. 검은 말은 조가 바위들과 들판을 가로지르도록 데려갔고 조는 그 말이 전보다 훨씬 더 앞서 있는 것을 보았다. 조는 자신의 암말을 더 몰아붙였다. 암말은 예민해졌고 더 이상 조심하지 않았다. 말은 구멍에 발이 빠져서 멈췄다. 조는 말에서 휙 날아 떨어졌다. 심하게 멍이 들었지만 조는 일어섰다.

조는 다시 말을 타려고 애써 보았지만 말의 다리가 부러져 있었다. 조는 암말을 죽이고 안장을 야영지로 도로 가져갔다. 이것이 완전한 실패작인 것은 아니었다. 그들은 암말들을 포스터의 회사로 데리고 갔고 돈을 지불받았다. 하지만 조는 전보다 더 그 종마를 소유해야겠다고 결심했다.

IV

p.139 여행길에 나섰던 요리사는 토마스 베이츠였다. 베이츠는 자신이 북부에 많은 소 떼를 소유하고 있다고 주장하곤 했다. 동료로서 여행에 참여를 부탁받았을 때, 베이츠는 올해 말들한테서는 돈이 나오지 않는다고 말했다. 하지만 검은 말을 본 적이 있는 사람은 모두 자신의 마음을 바꾸지 않을 수 없었다. 베이츠는 이제 그 야생마를 소유하고 싶어 했다. 베이츠는 편자 빌리라는 사내와 점심을 먹고 나서야 어떻게 그 말을 소유할지 알 수 있었다.

"오늘은 그 말을 쏠 수 있을 정도로 그 말 가까이에 있었어." 빌리가 베이츠에게 말했다.

"쏘지 않았어?"

"아니. 하지만 거의 그럴 뻔했지."

p.140 "바보짓 하지 마." 베이츠가 말했다. "그 말은 이 달이 가기 전에 내 낙인을 갖게 될 거야."

"서둘러야 할 거야. 안 그러면 내 낙인을 찾게 될 테니까."

"녀석을 어디서 봤는데?"

"앤틸로프 샘 옆에서 말을 타고 있었는데 커다란 덩어리가 보였어. 나는 우리 소들 중 한 마리라고 생각했지만 그것은 말이었어. 검은 종마였지. 그 녀석은 냄새를 맡지 못했고 파리도 없었어. 나는 녀석이 자고 있다는 것을 알았지. 나는 밧줄을 가지고 있었어. 하지만 내 밧줄은 정말로 오래된 데다가 내 조랑말은 이 말보다 훨씬 작았지. 나는 그 말을 집으로 데리고 올 수 있는 방법이 없었어. 그래서 나는 정말 힘껏 발로 땅을 박찼지. 녀석은 거의 공중으로 6피트나 뛰어올랐어. 녀석은 곧장 캘리포니아 쪽으로 달리기 시작했어."

사람들은 빌리가 믿을 만한 사람이라고 생각했기 때문에 모두 빌리의 말을 믿었다. 이야기를 들은 모든 사람 중에 베이츠가 가장 말이 적었고 아마 생각을 가장 많이 했을 것이다. p.141 베이츠는 새로운 생각이 떠올렸다. 저녁 식사 후에 베이츠와 빌리는 그 말을 잡기 위해 동료가 되기로 작심했다. 상금은 이제 5천 달러였다.

앤틸로프 샘은 여전히 그 말이 물을 마시는 일상적인 장소였다. 두 곳에서 진흙이 호수를 갈라놓았다. 동물들은 이 오솔길을 이용했다. 이 오솔길들 중에 더 잘 사용되는 곳에 두 남자가 길이 15피트, 너비 6피트, 깊이 7피트의 구멍을 팠다. 구멍을 파는 데 20시간이 걸렸다. 그들은 구덩이를 식물과 흙으로 덮었다. 그리고 나서 그들은 기다리면서 지켜보았다.

정오쯤 검은 말이 혼자 왔다. 진흙 지대의 반대쪽에 있는 오솔길은 거의 사용되지 않았다. 그들은 말이 그 구덩이로 갈 것이라고 예상했다.

그럼에도 불구하고 검은 말은 거의 이용되지 않는 오솔길로 다가왔다. 검은 말은 조용히 물가로 와서 물을 마셨다. p.142 검은 말이 두 번째로 물을 마시기 위해 고개를 떨구었을 때 베이츠와 빌리는 말 쪽으로 달렸다. 그들은 땅에 총을 쐈다. 말은 펄쩍 뛰어오르더니 달려갔다. 검은 말은 함정 쪽으로 달렸다. 하지만 어떤 이유에서인지 검은 말은 펄쩍 뛰어오르기로 결심했다. 검은 말은 구덩이를 뛰어넘었고 다시는 앤틸로프 샘에 돌아오지 않았다.

V

와일드 조는 언제나 기운이 넘쳤다. 조는 야생마를 잡기로 결심했다. 조는 코요테가 토끼를 잡을 때 쓰는 것과 같은 방식으로 말을 잡을 계획을 짰다. 조는 말이 지나다니는 땅을 알고 있었다. 그 말은 결코 특정 지역에서 멀리 나다니지 않았다. 앤틸로프 샘은 검은 말이 대부분의 시간을 보내는 장소였다. 조는 말이 물을 마시는 모든 장소를 알았다.

조는 여러 필의 말을 탄 남자들이 검은 종마가 살거나 돌아다니는 모든 장소의 지점에서 기다리게 했다. p.143 시작하는 날에 조는 마차를 앤틸로프 샘으로 몰고 갔다. 그는 기다렸다. 마침내 그 말이 왔다. 검은 말은 공기 중의 냄새를 맡았다. 그런 다음 말은 물을 마시기 시작했다.

조는 지켜보았다. 검은 말이 몸을 돌리는 순간 조는 그의 말이 검은 말을 쫓아 달리기 시작하게 했다. 조는 자신의 뒤에서 나는 말 소리를 듣고 남쪽으로 달리기 시작했다. 말은 조를 모래사장을 통과하도록 이끌었다. 조는 몸무게가 더 많이 나가는 자신의 말이 모래에 빠졌기 때문에 많은 시간을 잃었고 빨리 달릴 수도 없었다.

하지만 그들은 계속 갔고 조는 멈추지 않았다. 조는 멈춰서 새 말을 얻을 수 있는 곳을 알았다. 조는 계속 달렸다. 하지만 그 말은 더욱 더 앞으로 계속 달려 나갔다. 마침내 조는 아리바 협곡에 도착했다. 거기서 조는 새 말을 탈 수 있었고 다시 검은 종마를 쫓아 달리기 시작했다. 그 말은 이제 훨씬 더 앞서 있었다.

p.144 계속해서 그들은 같은 리듬을 유지했고 조는 자기 말에게 소리치고 계속 말을 몰아붙였다. 마침내 조는 검은 종마를 중지시킬 방법을 알아냈다. 조는 왼쪽으로 방향을 틀어서 최대한 힘껏 달렸다. 총으로 바닥을 쏴서 강제로 말이 자신이 그 말이 가기를 원하는 곳으로 달리게 강요했다.

종마는 조의 길을 가로질렀고 그의 말에게 뛰어들었다. 조의 말은 죽었다. 조는 기진맥진했고 먼지 때문에 시야가 확보되지 않았다. 조는 동료에게 몸짓을 했다. 조의 동료가 새 말을 타고 검은 말을 쫓기 시작했다. 검은 종마는 입 주위에 흰 거품을 물고 있었다. 검은 말은 지쳤지만 여전히 달렸다. 이 남자는 그 말을 잡을 수 없었다.

그리고 나서 어떤 청년이 새 말에 올라타고 그 말을 서쪽으로 추적하기 시작했다. 청년은 실패했다. 다음 청년은 말에 올라 탈 때 말을 다치게 했다. 청년의 말은 쓰러져 죽었다. 그 청년은 달아났지만 야생의 검은 말은 계속 달렸다.

p.145 이곳은 갤리고 영감의 목장에 가까운 곳으로 조는 그곳에서 다시 종마를 추적하기 위해서 기다리고 있었다. 조는 그 말을 다른 남자들과 말들이 기다리고 있는 서쪽으로 말을 쫓으려고 애썼다. 하지만 검은 말은 갑자기 북쪽으로 방향을 바꾸었다. 태양은 뜨거웠다. 조의 얼굴과 입술은 타들어갔지만 그는 말을 계속 추적했다. 조가 야생마를 빅 아로요 교차로로 다시 몰 수 있다면 말을 이길 유일한 기회가 생기게 될 것이다. 마침내 검은 말은 힘이 빠진 것처럼 보였다. 하지만 그 말은 여전히 조를 앞서서 달렸다.

한 시간, 또 한 시간, 여전히 그들은 달렸다. 빅 아로요 교차로에 도착할 때는 거의 밤이 다 되었다. 조는 대기 중인 말에 올라탔다. 다른 말은 개울로 가서 죽었다. 검은 말은 단지 조금 물을 마셨을 뿐이었다. 그러고 나서 조는 다시 검은 말을 추적하고 있었다.

p.146 조가 걸어서 캠프에 왔을 때는 아침이었다. 여덟 마리의 말이 죽었고 다섯 명의 사람이 기진맥진했다. 검은 말은 여전히 자유로웠다.

"누구도 그 말을 못 잡아." 조가 말했다. 조는 포기했다.

VI

"그 야생마는 내 것이 될 거야." 베이츠는 결심했다.

그 말은 어느 때보다 더 사나워졌다. 하지만 검은 말은 여전히 거의 매일 정오에 물을 마시러 앤틸로프 샘에 왔다. 암말들이 없었다면 겨울 내내 검은 말의 삶은 외로웠을 것이다. 늙은 요리사는 멋진 작은 갈색 암말을 타기로 결심했고 밧줄과 다른 도구들을 그 유명한 샘으로 가지고 갔다. 몇몇 영양들과 소들이 물을 마시고 있었다. 대초원에 사는 새들이 노래를 하고 있었다. 봄이었고 모든 동물들이 짝을 찾고 있었다.

p.147 베이츠는 샘 옆에 어린 갈색 암말을 남겨놓았다. 암말은 풀을 먹고 공기 중의 냄새를 맡았다. 베이츠는 땅을 연구했다. 베이츠가 파놓은 구멍은 이제 쥐들로 가득했다. 베이츠는 또 다른 질퍽한 장소를 발견했다. 베이츠는 땅속에 말뚝을 깊이 박고 암말을 그 말뚝에 묶어 놓았다. 암말은 거기서 멀리 움직일 수 없었다. 그리고 나서 베이츠는 밧줄을 암말이 있는 곳 주위에 놓았다. 베이츠는 그것을 흙으로 덮었다.

정오 경 오랜 기다림 후에 검은 말은 마침내 암말의 부름에 대답했다. 검은 말은 조심하며 암말에게 왔다. 검은 말이 몇 번 불렀고 암말은 검은 말에게 화답했다.

가까이 다가갈수록 검은 말은 예민해졌다. 검은 말은 원을 그리며 걸었다. 하지만 갈색 암말이 다시 불렀다. 검은 말은 암말과 함께 있기를 원했다. 검은 말은 암말의 코를 자신의 코로 건드렸다. 검은 말은 다시 원을 그리며 걸었다. 검은 말의 발이 밧줄 쪽으로 가까이 다가왔다. p.148 갑자기 검은 말이 밧줄을 건드렸다. 밧줄은 말의 다리를 감쌌고 검은 말은 잡혔다.

말은 놀라서 뛰어오르려고 했지만 땅에 쓰러졌다. 베이츠가 구멍에서 나왔다. 이 생물의 힘은 베이츠의 영리함과 견줄 것이 못 되었다. 말은 풀려나려고 몸부림쳤지만 벗어날 수 없었다. 밧줄은 튼튼했다.

베이츠는 두 번째 밧줄을 말에게 던졌다. 베이츠는 말의 발을 모두 함께 묶었다. 말은 지칠 때까지 몸부림쳤다. 베이츠는 갑자기 기분이 이상했다. 베이츠는 커다란 말을 응시할 때 신경질적으로 몸을 흔들었다. 하지만 그런 기분은 지나가 버렸다. 베이츠는 안장을 암말에 올렸다. 베이츠는 검은 말을 집으로 데리고 가려던 참이었다. 그때 베이츠는 말에 낙인을 찍지 않았다는 것을 기억했다. 하지만 베이츠의 낙인찍는 쇠 도장은 멀리 있었다.

베이츠는 암말에게 갔다. 암말의 편자 중 하나가 느슨했다. 베이츠는 불을 피워서 편자를 달구었다. p.149 베이츠가 뜨거운 편자를 검은 말의 몸에 눌렀고, 그의 낙인은 말의 살 속에 타들어갔다. 베이츠는 앞다리를 묶은 것을 빼고는 모든 밧줄을 풀었다. 말은 계속 도망치려고 애썼지만 계속 넘어졌다. 하지만 이 야생마는 굴복하지 않으려고 했다. 공포와 분노를 느끼며 야생마는 도망가려고 계속해서 시도했다. 베이츠가 야생마를 집 쪽으로 쫓았을 때 그 말은 피와 거품으로 범벅이 되었다. 베이츠는 그 말을 북쪽으로 몰았는데 한 발 한 발 걷는 것이 투쟁이었다.

마침내 베이츠는 목장에 있는 집을 볼 수 있었다. 그 남자는 환호했지만 야생마는 한 번 더 달리기 위해 남아 있는 힘을 모았다. 야생마는 풀로 덮인 언덕으로 뛰어 올라갔고 밧줄은 여전히 앞발에 묶여 있었다. 야생마는 마지막으로 한 번 뛰어올랐고 절벽 너머로 떨어졌다. 그곳에 야생마의 사체가 있었다. 죽었지만 자유였다.

울리, 누렁이 이야기

p.150 울리는 작은 누렁이였다. 누렁이는 황구와 같은 것이 아니다. 울리는 여러 종류의 개들의 모든 품종을 섞어 놓은 잡종이다. 사실 울리는 자칼처럼 생겼는데, 자칼은 개의 조상이다. 이런 종류의 개는 영리하고 활달하고 억세다. 그 개는 다른 어떤 개들보다도 생존력이 뛰어나다.

p.151 만약 우리가 누렁이, 그레이하운드, 불도그를 무인도에 놔둔다면 여섯 달 후 그들 중에서 어떤 것이 건강하게 살아 있을까? 물론 그것은 누렁이일 것이다. 누렁이는 그레이하운드처럼 빠르지는 않지만 그레이하운드가 가진 피부병도 역시 가지고 있지 않다. 누렁이는 불도그가 가진 힘은 가지고 있지 않지만 상식을 가지고 있다.

때로 이 개는 자칼과 아주 흡사해 보인다. 누렁이는 뾰족한 귀를 가지고 있다. 그럼 누렁이를 조심하라. 누렁이는 교활하고 늑대처럼 물 수 있다. 누렁이에게는 또한 무언가 이상하고 야성적인 것이 있다.

|

체비엇에서 위쪽으로 떨어진 곳에서 새끼 울리가 태어났다. 주인들은 울리와 울리의 형제가 예쁜 강아지였기 때문에 그들을 키웠다. 어렸을 때

울리는 콜리와 양치기로부터 양치기개로 훈련받았다. p.152 두 살이 되었을 무렵에 울리는 양에 대해 모든 것을 알았다. 울리의 주인인 로빈 영감은 울리가 양을 지키는 동안 밤새도록 선술집에 있었다. 울리는 전도가 유망한 아주 영리한 어린 개였다.

울리의 약점은 로빈 영감을 너무나 사랑한다는 것이었다. 로빈 영감은 게으르고 멍청했지만 울리에게 친절했다. 그래서 울리는 로빈 영감을 사랑했다. 울리는 로빈 영감보다 더 멋진 사람은 상상할 수 없었다. 하지만 로빈 영감은 사실 다른 사람을 위해 일했다. 그 사람은 양과 소를 몰도록 로빈 영감을 싸게 고용했다.

어느 날 양들이 공장 근처로 몰렸다. 하늘에는 어두운 검은 연기가 가득했다. 양들은 그들이 폭풍을 알아보았다고 생각했다. 양들은 겁을 먹고 374개의 각기 다른 방향으로 뛰어갔다. 로빈 영감은 30분가량 멍청하게 양들을 눈으로 쫓았다.

"울리, 가서 양들을 데리고 와." 로빈 영감이 마침내 말했다. p.153 그러고 나서 로빈 영감은 앉아서 양말을 뜨기 시작했다.

울리에게 로빈 영감의 목소리는 신의 목소리였다. 울리는 374개의 다른 방향으로 멀리 뛰어갔고 로빈 영감에게 모두 데리고 왔는데 그는 여전히 뜨개질을 하고 있었다. 양치기 영감은 양들을 세었다. 370, 371, 372, 373.

"울리, 한 마리가 없잖아." 로빈 영감이 말했다.

울리는 부끄러움을 느끼고 없어진 한 마리를 찾아 도시 전체를 수색하러 뛰어갔다. 어떤 소년이 로빈 영감에게 그가 숫자를 잘못 세었고, 374마리의 양이 있다고 말해 주었다. 로빈 영감은 집으로 빨리 돌아오라는 소리를 들었지만 울리는 한 마리를 찾을 때까지 돌아오지 않을 것이었다. 울리는 다른 양을 한 마리 훔치기까지 할지도 모른다.

로빈 영감은 그 주의 주급을 못 받을까 걱정이 되었다. 울리는 좋은 개였지만, 로빈 영감은 자기 일자리를 잃고 싶지 않았다. p.154 로빈 영감은 울리를 남겨 두고 혼자 양들과 가기로 결정했다.

한편 울리는 잃어버린 양을 찾아 수 마일에 달하는 거리를 뛰어다녔다. 날이 저물 때 울리는 지치고 배가 고픈 상태로 돌아왔다. 울리는 주인이 가 버린 것을 알았다. 울리는 슬퍼하며 모든 곳을 찾아다녔고 울었다. 다음 날 울리는 계속해서 수색을 했다. 울리는 모든 선술집에 갔다. 그러고 나서 울리는 연락선에 탄 모든 사람의 냄새를 맡아 보기로 결정했다.

연락선은 하루에 50번 운행하고 한 번에 평균 백 명 정도의 사람들이 탄다. 그날 울리는 1만 명의 다리 냄새를 맡았다. 다음날도, 그리고 그 다음날도, 그 주 내내 울리는 냄새를 맡고 먹지도 않았다. 울리는 말라 갔고 예민해졌다. 누구도 울리를 건드릴 수가 없었다.

날이면 날마다, 한 주 한 주 울리는 지켜보며 주인을 기다렸으나 주인은 결코 오지 않았다. 연락선 선원들은 울리의 충성심을 존중하는 법을 배웠다. p.155 처음에 울리는 그들이 주는 음식이나 안식처를 받아들이려고 하지 않았지만 너무 배가 고파졌을 때 마침내 받아들였다. 울리는 쓸모없는 주인 외에는 모든 것에 매섭게 대했다.

14달 후에 나는 울리를 만났다. 울리는 여전히 관찰 중이었다. 울리는 다시 잘생긴 개가 되었다. 10일 동안 나는 울리에게 말을 걸거나 불러 보려고 노력했으나 울리는 신경 쓰지 않았다. 꼬박 2년 동안 이 충직한 개는 연락선 옆에서 기다렸다. 울리는 언덕으로 다시 되돌아 갈 수 있었을 테지만 울리는 자신의 진짜 주인이 자기가 그곳에서 기다리기를 원한다고 정말로 믿었다.

그러나 때때로 울리는 연락선을 타고 강을 건넜다. 2년 동안 울리는 분명 6백만 명의 다리 냄새를 맡았을 것이다. 하지만 그것은 아무 짝에도 쓸모가 없었다. 우리는 로빈 영감에게 무슨 일이 일어났는지 한 번도 듣지 못했다. 하루는 소와 양을 모는 거친 몰이꾼이 배에 탔다. p.156 울리는 그의 냄새를 맡고 갑자기 으르렁거리며 그를 쳐다보았다.

"개한테 무슨 짓을 하고 있는 거요?" 연락선 선원이 물었다.

"나한테 소리치지 마시오!" 그가 말했다. "개가 나를 보고 으르렁거리는 거요!"

그리고 나서 울리가 변했다. 울리의 꼬리가 흔들리기 시작했다. 몰이꾼 돌리는 로빈 영감을 잘 알고 있었고 돌리가 착용한 벙어리장갑과 양모 목도리는 로빈 영감이 만들었다. 울리는 돌리를 따라가기로 결정했다. 돌리는 울리를 자기 집과 더비셔에 있는 양 떼에게 데려가게 되어 크게 만족했다.

||

몬살데일은 더비셔에 있는 가장 유명한 계곡 중의 하나이다. '피그와 휘슬'은 땅 주인 조 그레이토렉스가 소유한 여인숙이었다. 그는 매우 현명했다.

울리의 새 집은 조의 여인숙 위쪽 계곡의 동쪽에 있었다. p.157 울리의 주인 돌리는 농장 일을 했고 많은 수의 양을 가지고 있었다. 울리는 이 양들을 현명하게 보호했다. 울리는 낯선 사람들을 너무나 싫어했지만, 그해 더비셔의 어떤 다른 개보다 양들을 잘 돌보았다.

땅은 매우 바위투성이어서 그곳에서 여우 사냥을 하기는 어려웠다. 1881년 교활한 늙은 여우가 양을 훔치기 시작했고 개들은 여우를 잡을 수 없었다. 여우는 항상 사냥개들을 '악마의 구멍'이라고 불리는 바위투성이 지역으로 이끌었다. 그래서 사람들은 그 여우를 '악마의 여우'라고 불렀다.

여우는 계속해서 점점 더 많은 양들을 죽였다. 딕비는 하룻밤에 10마리의 양을 잃었다. 캐롤은 다음날 밤에 7마리를 잃었다. 후에 오리 연못에 있는 모든 오리가 죽임을 당했다. 매일 밤 누군가는 양이나 닭을 잃었다. 그 녀석은 매우 덩치가 큰 여우였다. 그 여우는 분명하게 눈에 띈 적이 없었다. 사냥꾼들에게도 그랬다. p.158 가장 커다란 사냥개인 선더와 벨조차도 그 여우의 흔적을 따라가는 것을 싫어했다.

여우는 미쳤다고 알려졌으므로 사냥꾼이나 사냥개는 여우가 사는 곳에 가려고 하지 않았다. 조가 이끄는 몬살데일의 농부들은 눈이 오면 함께 그 여우를 찾아 죽이기로 합의했다. 하지만 눈은 오지 않았다. 여우는 영리했다. 여우는 연속으로 두 번은 같은 농장에 절대 가지 않았다. 여우는 자기가 죽인 곳에서 먹지 않았고 흔적을 남기는 법이 없었다.

나는 그 여우를 한 번 보았다. 나는 심한 폭풍이 치는 어느 날 밤 늦게 베이크웰에서 몬살데일로 걸어가고 있었다. 번개가 쳤고 잠시 후 나는 커다란 여우가 악마 같은 눈으로 나를 쳐다보고 입을 핥고 있는 것을 볼 수 있었다. 다음 날 아침 23마리의 양의 사체가 발견되었다.

오직 돌리만 이 여우한테 양을 한 마리도 잃지 않았다. 울리는 모든 양들을 매일 밤 집으로 데려왔다. p.159 모두 울리에게 깊은 존경심을 가지고 있었지만 울리는 더 울적해하고 화를 잘 냈다. 울리는 오직 돌리와 돌리의 장녀인 홀다만 좋아하는 것 같았다. 울리는 나머지 다른 가족들은 참고 견뎠고 그 외의 세상의 다른 모든 사람들을 싫어했다.

한 번은 내가 돌리네 집 뒤쪽을 걷고 있었다. 나는 울리가 나를 조용히 쳐다보는 것을 보았다. 나는 울리에게 가까이 다가갔고 돌리네 잔디를 밟았다. 즉시, 하지만 소리 없이, 울리가 내 왼쪽 뒤꿈치를 물었다. 나는 발길질을 했지만, 울리는 달아났다. 나는 울리에게 큰 돌을 던졌다. 울리는 짖었지만 걸어가 버렸다.

하지만 울리는 언제나 돌리의 양들에게 다정했다. 울리는 용감하게 자기 양 떼를 지키고 보호했다.

|||

p.160 12월 말에 마침내 눈이 왔다. 불쌍한 과부 코트는 그녀의 양 떼 스무 마리를 모두 잃었다. 총을 가지고 농부들은 그 거대한 여우 발자국을 따라갔다. 그들은 강에 도착했고 여우의 흔적을 잃었다.

그들은 다시 꽤 멀리 강 상류에서 흔적을 발견했다. 거기에서 여우는 돌담을 따라 곧장 걸어가서 그들은 다시 여우의 흔적을 놓쳤다. 하지만 인내심 있는 사냥꾼들은 여우의 흔적을 찾는 것을 계속했다. 마침내 그들은 여우가 돌리네 농장 쪽으로 사라진 것을 발견했다.

그날 양들은 눈 때문에 안에 있었고 울리는 집 밖의 양달에 누워 있었다. 사냥꾼들이 집에 왔을 때 울리는 으르렁거렸고 양들에게 갔다. 조 그레이토렉스는 울리가 건너갔던 새로 쌓인 눈 쪽으로 걸어갔다. 조는 혼란스러워 보였다.

"이보게들, 우리는 여우를 놓쳤네. 하지만 여기 과부의 양들을 죽인 녀석이 있네."

p.161 몇 사람은 조의 말에 동의했지만 다른 사람들은 그렇지 않았다. 돌리가 집에서 나왔다.

"돌리, 자네 개가 지난밤에 20마리의 양을 죽였네." 조가 말했다. "나는 이것이 처음은 아니라고 생각하네."

"자네 미쳤군." 돌리가 말했다. "우리 개는 양을 사랑해."

"아니야! 우리가 지난밤에 울리가 무엇을 했는지 봤네." 조가 대답했다.

그들은 돌리에게 그들이 발견한 것에 대해 말해 주었다. 돌리는 그들의 말을 믿지 않으려고 했다.

"울리는 매일 밤 부엌에서 잠을 자. 밤에 울리는 밖에 있지 않아. 일 년 내내 우리 양들과 있는걸. 그리고 한 마리도 잃지 않았지."

남자들은 서로에게 화를 냈다. 마침내 홀다가 제안을 했다.

"아버지, 제가 오늘 밤에 부엌에서 잘게요. 만약 울리가 부엌을 나가는 방법을 가지고 있다면 제가 알게 될 거예요. p.162 만약 울리가 안 나가고 양들이 더 죽는다면 우리는 그게 울리가 아니라는 것을 알게 될 거고요."

그날 밤에 훌다는 부엌에서 잤고 울리는 평소처럼 식탁 밑에서 잤다. 개가 계속 일어나서 움직였다. 2시쯤에 울리는 조용히 일어나서 낮은 창문 쪽을 본 다음 움직이지 않는 소녀를 보았다. 훌다는 가만히 누워서 마치 자고 있는 것처럼 숨을 쉬었다. 울리는 그녀의 냄새를 맡고는 건드려 보았지만 그녀는 움직이지 않았다. 울리는 조용히 창문 쪽으로 걸어갔다. 울리는 가벼운 창문을 발로 밀어 열었다. 그리고 나서 울리는 어둠 속으로 사라졌다.

소파에서 훌다는 놀라서 쳐다보았다. 울리가 나갔다는 것이 확실할 때까지 잠시 기다린 후 그녀는 조용히 창문 쪽으로 가서 밖을 내다보았다. 그녀는 울리를 볼 수 없었다. 훌다는 소파로 다시 돌아가서 개가 집으로 오기를 기다렸다. 또 한 시간이 지났다. 그녀는 창문에서 무슨 소리를 들었고, 그 소리는 훌다의 가슴을 뛰게 만들었다. p.163 울리는 부엌 뒤쪽에 있었고 창문은 울리 뒤에서 닫혔다.

훌다는 울리의 눈에서 낯선 야성의 눈빛을 볼 수 있었다. 울리는 또한 신선한 피로 덮여 있었다. 개는 소녀를 보았지만 그녀는 움직이지 않았다. 울리는 몸에서 피를 핥아 먹기 시작했다. 훌다는 충분히 보았다. 조가 옳다는 것에는 더 이상 의심의 여지가 없었다. 울리가 그 낯선 커다란 여우였다.

"울리! 이 끔찍한 개야!" 훌다가 외쳤다.

울리의 눈은 난폭했지만 울리는 수치심으로 고개를 숙였다. 천천히 울리는 점점 더 가까이 마치 훌다의 발을 핥으려는 것처럼 기어왔다. 그때 갑자기 울리가 그녀의 목으로 뛰어들었다. 소녀는 팔로 울리를 막았다. 울리는 그녀의 살을 깊숙하게 물었다.

p.164 "도와주세요, 아빠!" 훌다가 비명을 질렀다.

훌다는 울리를 한 옆으로 밀쳐 냈다.

"아빠!" 훌다가 외쳤다. 개는 자기에게 지금껏 음식을 주었던 손을 물기 시작했다. 마침내 돌리가 부엌으로 달려왔다. 개는 곧장 돌리에게 달려갔다. 울리가 돌리를 무는 동안 훌다가 벽난로 옆에 있는 쇠막대를 잡았다. 두 번의 빠른 가격으로 개가 쓰러졌다. 울리는 떨었고 마침내 용감하고 영리한 울리는 죽었다.

레드러프, 돈 벨리의 목도리들꿩 이야기

p.165 어미 목도리들꿩이 새끼들을 머드 크리크라고 불리는 강으로 데리고 갔다. 새끼들은 태어난 지 하루가 되었지만 벌써 걸음이 빨랐다. 어미는 물을 먹이려고 처음으로 새끼들을 데리고 가고 있었다.

p.166 어미는 천천히 걸었다. 왜냐하면 숲에는 적들이 가득했기 때문이었다. 어미는 작은 분홍색 다리로 따라오는 솜털로 뒤덮인 새끼들에게 부드럽게 말했다. 모두 열두 마리가 있었지만 어미는 새끼들을 모두 돌보았고 모든 덤불과 나무 그리고 숲 전체와 하늘을 경계했다. 숲에는 친구는 거의 없고 적들이 많았다. 목초지를 가로질러 저 멀리 여우가 있었다. 여우가 그들에게 다가오고 있었다.

"끼르르! (숨어!)" 어미가 외쳤고 어린 새끼들이 숨으려고 흩어졌다. 한 녀석은 나뭇잎 밑에, 또 다른 녀석은 두 개의 뿌리 사이에, 세 번째 녀석은 구멍으로 기어들어가는 식이었다. 한 녀석만 빼고는 모두 숨었다. 그 한 녀석은 움직임을 멈추고 눈을 꼭 감았다.

어미 목도리들꿩은 곧장 야수 쪽으로 날아갔고 자기 몸을 땅에 내던졌다. 어미는 몸을 흔들고 울부짖었다. 어미가 무엇을 하고 있는 중이었을까? 여우가 어미에게 달려왔다. 어미는 위로 뛰어올랐다. 여우도 또 한 번 뛰어올라 따라했다. p.167 이번에 여우는 어미를 잡아야 할 터였지만 어미는 통나무 뒤로 뛰어올랐다. 여우는 계속 어미를 따라가서 물려고 했다. 하지만 어미가 뛰어오를 때마다 어미는 여우에게서 점점 더 멀리 갔다. 그것은 정말로 이상했다.

여우는 온 숲을 따라다니며 어미를 쫓았다. 여우는 당황하고 창피했다. 왜 이 멍청한 새를 잡을 수 없을까? 여우가 이 속임수에 넘어간 것이 처음도 아니었다. 그동안 어미 목도리들꿩은 자신이 새끼들을 떠났던 곳으로 다시 되돌아왔다.

야생 새들은 장소에 대해 무척 좋은 기억력을 가지고 있다. 어미는 자기 새끼들이 잘 숨는 방법을 안다는 것이 기뻤다. 심지어는 어미의 발소리를 들었을 때에도 새끼들은 움직이지 않았다.

"끼르륵! (나와, 얘들아!)" 어미가 말하자마자 동화처럼 새끼 목도리들꿩들이 모든 구멍에서 나왔다. p.168 새끼들은 모두 어미에게 달려가서 어미의 커다랗고 아름다운 꼬리 밑에 숨었다. 새끼들은 행복하고 온화하게 서로를 슬쩍 쳐다보았다. 햇살은 이제 뜨거웠다. 어미는 새끼들을 자기 꼬리 그늘 아래에 모았다. 이것은 강가의 덤불에 도착할 때까지 위험한 햇살에서 새끼들을 보호해 주었다.

여기에 토끼 한 마리가 뛰어나와서 새끼들을 겁주었다. 하지만 토끼는 오랜 친구였다. 토끼와 목도리들꿩은 결코 싸우지 않는다. 처음에 새끼 새들은 어떻게 물을 마시는지 몰랐지만 어미를 따라하더니 곧 어미처럼 물을 먹는 법을 배웠다. 새끼들은 열두 마리의 갈색과 금빛의 동그란 머리와 작은 분홍색 발가락이 달린 스물 네 개의 발로 물가에 일렬로 서 있었다. 새끼들은 어미에게 감사의 말을 했다.

그런 다음 어미는 새끼들을 조심해서 목초지 한쪽 끝으로 멀리 데리고 갔는데, 그곳에는 풀이 우거진 커다란 반구형 지붕이 있었다. 어미 목도리들꿩은 이 지붕을 새끼를 키우는 데 필요로 한다. 이것은 개미 둥지였기 때문이다. p.169 어미는 반구형 지붕 꼭대기에 서 있었다. 어미가 발로 긁어냈다. 개미들이 무너진 언덕 밖으로 달려 나왔다.

개미들은 정신이 없어서 앞뒤로 달렸다. 어미 목도리들꿩은 작은 개미들에게 다가가서 체액이 많아 보이는 벌레들 중 하나를 골라 집고 그것을 먹었다. 마침내 노란 녀석이 개미 한 마리를 골라 집고 꿀떡 삼켜 버릴 때까지 새끼들은 지켜보았다. 그리하여 새끼들은 먹는 것을 배웠다. 20분 안에 그들은 아주 많은 개미들을 먹어서 배가 완전히 불렀다.

그리고 나서 새끼들은 모두 조심해서 개울 위로 올라가 모래 벌판으로 갔다. 새끼들은 뜨거운 작은 발가락에 시원한 모래가 느껴지는 것이 얼마나 기분 좋은지를 배웠다. 새끼들은 옆으로 누워서 언젠가 날개가 될 작은 팔을 파닥거리며 어미를 따라했다. p.170 그날 밤 어미는 적이 가까이 오면 자신이 들을 수 있도록 새끼들을 죽은 나뭇잎이 많이 있는 건조한 장소로 데리고 갔다. 새끼들은 잘 때 어미의 따뜻한 날개 아래에서 꼭 껴안고 새우잠을 잤다.

||

셋째 날에 새끼들은 다리에 힘이 훨씬 더 많이 붙었다. 새끼들은 솔방울이나 도토리를 넘어갈 수 있었다. 날개털도 새끼들의 팔에서 자라고 있는 것 같았다. 새끼들은 숨는 법과 어미를 따라다니는 법을 자연스럽게 알

았다. 하지만 새끼들은 햇살이 강하면 어미의 꼬리 밑으로 숨는 것을 배웠다. 나이가 들고 몸집이 커질수록 새끼들은 더 많은 것을 배웠다.

일주일이 더 지나고 난 후 거의 모든 새끼들은 작은 날개에 깃털이 완전히 자랐다. p.171 가엾은 어린 런티는 태어날 때부터 병약했다. 런티는 부화한 후에도 오래 껍질의 일부분을 가지고 다녔다. 그는 형제들보다 덜 달렸고 더 많이 울었다. 어느 날 저녁, 스컹크가 왔다.

"끼럭 끼럭! (날아, 날아!)" 어미가 말했다. 런티는 뒤에 남겨졌다. 그들은 다시는 런티를 보지 못했다.

그동안 새끼들의 훈련은 계속되었다. 새끼들은 강 옆에 아주 맛좋은 메뚜기들이 살고 있다는 것을 알았다. 새끼들은 까치밥나무 덤불에서 보들보들한 초록색 벌레들을 얻을 수 있었다. 새끼들은 비록 딸기가 진짜 곤충은 아니지만 맛있다는 것을 알았다. 새끼들이 잡을 수 있다면, 나비는 맛이 좋았다. 새끼들은 또한 말벌과 지네는 먹기에 좋지 않다는 것도 배웠다.

이제 7월로 나무 열매들을 찾기에 가장 좋은 달이었다. p.172 새끼들은 이제 아주 몸집이 커져서 어미는 그들을 지키기 위해 밤새 불침번을 서야 했다. 새끼들은 여러 종류의 새들이 이용하는 곳에서 매일 흙 목욕을 했다. 흙을 함께 사용하는 것이 어미의 신경을 예민해지게 만들었다. 하지만 새끼들이 아주 열광적으로 길을 이끄는 바람에 어미는 새끼들이 그곳으로 가는 것을 허용했다.

2주 후, 새끼들이 아파 보이기 시작했고, 어미도 기분이 그리 좋지 않았다. 새끼들은 엄청나게 먹는데도 항상 배고파했고 점점 더 말라갔다. 어미는 항상 몸이 뜨겁고 약한 기분이 들었다. 어미는 결코 그 원인을 알지 못했다. 어미는 흙 목욕을 하는 데 많이 사용된 흙이 기생충으로 가득하다는 것을 알 수가 없었다.

본능적인 느낌은 목적 없이 생기지 않는다. 어미 새의 치유 지식은 자연스럽게 찾아왔다. 갑자기 어미는 독성이 있는 열매가 열리는 치명적인 옻나무에서 먹이를 먹고 싶었다. p.173 어미는 그 나무에서 나는 끔찍한 맛이 나고 입에서 불이 나는 듯한 열매들을 계속해서 먹었다. 그녀의 가족 모두가 이 이상한 연회에 동참했다. 어떤 인간 의사도 더 좋은 치료를 하지는 못했을 것이다. 새끼들은 모두 아팠지만 그 벌레들은 죽었다. 그러나 새끼들 모두에게는 효과가 있는 것은 아니었다.

가장 건강이 안 좋았던 새끼 두 마리는 이런 식으로 치료가 될 수 없었다. 두 마리의 새끼들은 개울 옆에서 물을 마시고 또 마셨다. 다음날 아침 다른 새끼들이 어미를 따라다닐 때 그들은 움직이지 않았다. 런티를 잡아먹었던 스컹크가 이들의 사체를 발견하고 먹었다. 스컹크는 옻이 올라 죽었다.

이제 일곱 마리의 새끼 목도리들꿩이 어미의 부름에 따랐다. 새끼들 개개인의 개성은 달랐고 각자의 개성이 드러났다. 허약한 녀석들은 죽었지만 여전히 바보가 있었고 게으른 녀석이 있었다. p.174 어미가 가장 좋아하는 녀석은 맏이였다. 첫째 날 숨을 구멍을 찾을 수 없었던 바로 그 녀석이었다. 첫째는 몸집이 가장 크고 힘이 세고 잘생겼다. 그 녀석은 항상 위험을 알리는 어미의 외침에 가장 빨리 대답했다. 결과적으로 맏이는 가장 오래 살았다.

8월이 지나갔고 새끼들은 3/4 정도는 다 자랐다. 새끼들은 자신들이 영리하다고 생각했다. 어미의 날개 밑에서 잠들기에는 새끼들이 이제 너무 컸다. 어미는 새끼들에게 어른이 하는 일을 가르치기 시작했다. 이제 나무에서 잘 때였다. 어린 족제비와 여우, 스컹크, 밍크는 달리기 시작했다. 땅은 매일 밤 더 위험해져서 일몰이면 어미 목도리들꿩은 잎이 무성하고 키가 작은 나무로 날아갔다.

새끼들은 한 마리 빼고는 따라갔는데, 그 바보 녀석은 땅 위에서 잤다. 그날은 괜찮았지만 다음날 밤에 형제들은 녀석의 울부짖음을 들었다. 새끼들은 아래쪽의 끔찍한 어둠 속을 내려다보았고 밍크가 자신들의 바보 같은 형제를 먹고 있는 것을 보았다.

p.175 이제 여섯 마리 새끼 목도리들꿩이 밤에 어미를 가운데 두고 일렬로 앉았다.

교육은 계속 이어졌고 이번에는 '씽씽 소리 내기'를 배웠다. 씽씽 소리 내기는 날아올라 시끄러운 소리를 내는 것이다. 그것은 근처의 다른 모든 목도리들꿩에게 근처에 위험이 존재한다는 것을 경고한다. 그것은 또한 사냥꾼이나 여우를 짜증나게 만들 수 있다. 매년 날마다 새로운 적들과 먹을 것이 있었다. 나무 열매와 개미 대신 씨앗과 곡식 낟알이 있는 9월이 왔다. 이제 스컹크와 밍크 대신에 사냥꾼이 있었다.

목도리들꿩들은 여우가 무엇인지는 잘 알았지만 개를 본 적은 없었다. 목도리들꿩들이 아는 여우는 나무에 올라감으로써 쉽게 혼란스럽게 만들 수 있었다. p.176 사냥꾼인 커디 영감이 그의 황구와 왔을 때 어미가 개를 보았다.

"쿠잇! (날아!)" 어미 목도리들꿩이 말했다. 새끼 중 두 마리는 어미가 어리석게 굴고 있다고 생각했다. 새끼들은 나무 위로 올라갔다.

그동안 낯선 노란 여우가 나무 아래로 와서 그들을 보고 짖었다. 새끼들은 개를 보고 웃었다. 빵! 빵! 두 마리의 피투성이가 된 목도리들꿩이 떨어졌다. 사냥꾼이 그 사체를 모았다.

III

커디 영감은 토론토 북쪽의 초라한 집에 살았다. 커디 영감에게는 재산도, 세금도, 사회생활도, 땅도 없었다. 커디 영감의 삶은 일은 매우 적었고 놀 일은 많았다. 커디 영감은 사냥하기를 좋아했고 작은 동물들을 총으로 쏘는 것을 무척 좋아했다. 이웃들은 커디 영감이 성가시다는 것을 알았다. 커디 영감은 일 년 내내 사냥을 했으나 목도리들꿩 고기 맛을 사랑했다. 9월 15일 전에 목도리들꿩을 사냥하는 것은 위법이지만 커디 영감은 종종 2주 일찍 사냥을 시작했다. p.177 그러나 그는 매년 처벌을 면했다.

커디 영감은 새의 머리를 쏘는 것을 선호했다. 이것은 나무에 나뭇잎이 많았을 때는 쉽지 않았다. 두 마리 목도리들꿩을 쏜 후, 커디 영감은 나머지 목도리들꿩 가족은 보지 못했다. 그래서 커디 영감은 두 마리의 새를 집으로 가져갔다. 그리하여 새끼 목도리들꿩은 개가 여우가 아니라는 것을 배웠다. 새끼들은 개들에게서는 다르게 도망가야 했다.

남아 있는 9월은 사냥꾼과 다른 오래된 몇몇 적들로부터 떨어져서 조용히 지나갔다. 목도리들꿩들은 여전히 활엽수의 두꺼운 나뭇잎 사이, 길고 가는 가지에 앉았는데, 이것이 목도리들꿩들을 허공에서 적들로부터 보호해 주었다. p.178 높은 위치는 목도리들꿩들을 땅의 적들로부터 보호해 주었다. 목도리들꿩들은 날아갈 수 있도록 제시간에 느림보 미국너구리들이 오는 소리를 들을 수 있었다.

하지만 나뭇잎들이 이제 떨어지고 있었다. 이제 견과철이자 올빼미의 시간이기도 했다. 아메리카올빼미들이 북쪽에서 내려왔다. 밤이 점점 추워지고 너구리들은 점점 덜 위험해져서 어미는 새끼들을 모두 침엽수에서 자도록 했다.

새끼들 중 오직 한 녀석만이 어미의 말을 무시했다. 그 녀석은 느릅나무에서 잤고 커다란 노란 눈의 올빼미는 아침이 되기 전에 그 녀석을 잡아

먹었다. 이제 어미와 세 마리 새끼들이 남았지만 새끼들은 어미만큼이나 몸집이 컸다. 어미가 가장 좋아하는 새끼는 어미보다도 몸집이 컸다. 새끼들의 목털도 자라기 시작했다. 목도리들꿩의 목에 난 예쁜 털은 목털이라고 불린다.

그것은 목도리들꿩의 가장 예쁜 부분이고 자랑이다. 암컷 목도리들꿩에게는 햇빛에 초록으로 빛나는 검은 목털이 있다. p.179 수컷 목도리들꿩의 목털은 더 크고 더 푸르다.

가끔은 목도리들꿩이 아주 크고 초록색, 구릿빛의 붉은색, 금색으로 빛나는 목털을 갖는다. 어미 목도리들꿩이 가장 좋아하는 새끼는 금색과 구릿빛의 붉은 목털을 가졌다. 그 녀석이 이제 돈 계곡의 유명한 레드러프였다.

IV

10월 중순의 어느 날, 목도리들꿩 가족은 멀리서 총소리를 들었다. 레드러프는 통나무로 뛰어올라 여러 번 위아래로 오르락내리락했다. 레드러프는 날개로 씽씽 소리를 냈다. 레드러프는 계속해서 날개를 쳤다. 레드러프는 자신이 둥둥거리는 소리를 내고 있고 매우 큰 소리를 내고 있는 것을 알았다. 레드러프의 동생들이 듣고 경외감을 가지고 레드러프를 지켜보았다. 어미는 레드러프가 두렵다는 생각이 약간 들었다.

p.180 11월 초에 모든 목도리들꿩들은 자신들이 어딘가로 가야 하는 것처럼 느낀다. 그리고 목도리들꿩들 중 현명한 녀석들이라도 온갖 종류의 바보 같은 짓을 한다. 목도리들꿩들은 밤에 빨리 날아가다가 때로는 전등이나 전선에 부딪힌다. 목도리들꿩들은 낮이면 여러 군데의 낯선 장소에 간다. 이것은 목도리들꿩들이 가족들로부터 멀리 가게 만들어 형제자매들과 짝짓기를 하는 것을 막아 준다.

레드러프의 어미는 단풍나무에서 빨간 잎과 누런 잎들을 보자마자 곧 그런 일이 벌어질 것을 알았다. 건강에 신경을 써 주고 숲의 조용한 곳에 새끼들을 두는 것 외에는 달리 할 일이 없었다.

그 일의 첫 번째 신호는 기러기 떼가 날아서 지나갈 때 왔다. 어린 녀석들은 기러기들을 무서워했다. 하지만 어미가 무서워하지 않는 것을 보고 어린 녀석들은 흥미롭게 기러기들을 지켜보았다. 새끼들은 기러기들을 따라가고 싶은 낯선 갈망이 생겼다. 기러기들은 높은 나무에서 목도리들꿩 새끼들을 지켜보았다.

p.181 작은 가족은 흩어졌다. 레드러프는 혼자서 며칠이고 기나긴 밤 여행을 하며 날았다. 레드러프는 남쪽으로 온타리오 호수에 갔다. 그런 다음 레드러프는 머드 크리크 글렌으로 다시 방향을 틀었다. 이제 거기서 레드러프는 혼자였다.

V

겨울에 음식을 찾는 것은 힘들었다. 11월에는 광기와 외로움, 포도가 있었다. 12월은 흰 눈을 가져왔다. 다음 달 폭풍이 몰아치는 달에는 우박 폭풍이 왔다. 레드러프의 부리는 얼음을 파야 했기 때문에 더 뭉툭해졌다. 이번 달에는 레드러프의 발톱이 길어졌는데, 그것은 눈에서 걸어 다니기 더 쉽게 해 주었다. 추운 날씨는 그의 적들을 쫓아 버렸다.

레드러프는 음식을 찾는 동안 점점 더 멀리 날아갔다. p.182 레드러프는 포도와 나무 열매가 많은 캐슬 프랭크까지 날아갔다. 어떤 이유 때문인지 총을 든 인간들은 캐슬 프랭크의 높은 울타리 안으로는 가지 않았다. 그래서 레드러프는 새로운 장소와 새로운 먹이를 배우면서 자신의 삶을 살았고 매일 더 현명해지고 더 아름다워졌다.

레드러프는 무척 외로웠지만 신경 쓰지 않았다. 레드러프는 어디를 가든 쾌활한 박새를 볼 수 있었다. 레드러프는 새끼였을 때 박새들이 그에게 얼마나 크게 보였었는지를 기억했다. 그 바보 같은 새들은 겨울 내내 즐겁게 노래했다. 2월은 배고픈 달로 알려졌다. 2월 말에 태양은 힘을 얻고 캐슬 프랭크 언덕의 눈이 녹았다. 이제 레드러프는 다시 많은 나무 열매를 먹을 수 있었다.

얼마 지나지 않아 곧 첫 번째 파랑새가 날아왔다. 햇살은 계속 강해졌다. 3월의 어느 날 이른 아침에 커다란 까악까악 소리가 들리고 대장 까마귀 늙은 은빛 얼룩이가 남쪽에서 날아왔다. p.183 이것이 새들에게는 새해였다. 박새들은 그냥 미친 듯이 흥분했다. 박새들은 '이제 봄이다!'라고 불리는 노래를 계속해서 불렀다.

레드러프는 에너지가 충만함을 느꼈다. 레드러프는 그루터기 위에 뛰어올랐다. 그곳에서 레드러프는 크게 북치는 소리를 냈다. 그것은 숲 전체에 천둥처럼 울려 퍼졌다. 계곡 아래에는 커디 영감의 집이 있었다. 커디 영감은 북소리 신호를 듣고는 커다란 목도리들꿩이 숲 속에 있다는 것을 알게 되었다. 커디 영감은 총을 가져와서 조용히 숲 속으로 갔다. 하지만 레드러프는 조용히 날아가 버렸다.

레드러프는 자신이 북소리 내는 것을 처음으로 배웠던 통나무를 발견했다. 어린 소년이 그 소리를 듣고 두려워하며 어미가 있는 집으로 달려갔다. 소년은 전쟁이 일어나고 있다고 생각했다!

레드러프는 왜 매일 자신이 통나무 위로 가서 숲에 북소리와 천둥소리를 내는지 알지 못했다. p.184 레드러프는 북소리를 내고 난 후에 양달에서 걷는 것을 좋아했다. 레드러프의 아름다운 꼬리와 목털은 보석처럼 빛났다. 레드러프는 자신의 아름다운 깃털을 보는 누군가가 있기를 바랐다.

"쿵쿵 두둥둥둥."

"쿵쿵 두둥둥둥."

레드러프는 계속해서 북소리를 냈다.

매일 레드러프는 자신이 좋아하는 통나무에서 북소리를 냈다. 장미처럼 빨간 볏은 레드러프의 맑은 양쪽 눈 위에 더 자라났고 레드러프의 발에는 보기 흉한 눈신발이 사라졌다. 레드러프의 목털은 더 멋있어졌고 눈은 더 총명해졌다. 레드러프는 이제 무척 아름다웠다. 하지만 레드러프는 무척 외로웠다!

레드러프는 5월 초까지 계속해서 북 치는 소리를 계속 냈다. 레드러프의 통나무가 작은 은빛 꽃으로 덮였다. 갑자기 레드러프는 덤불 속에서 무언가가 움직이고 있는 소리를 들었다. 레드러프는 움직임을 멈추고 쳐다보았다. 가능한 일일까? 그렇다! p.185 부끄럼을 타는 작은 암컷 목도리들꿩이 있었는데 숨으려고 애쓰고 있었다. 곧 레드러프는 암컷 옆에 있었다. 레드러프는 자신의 아름다운 깃털을 활짝 폈다. 햇살이 그들에게 비추었다.

레드러프는 암컷 옆에서 걸었고 부드러운 소리를 냈다. 잠시 후 레드러프는 확실히 암컷의 마음을 얻었다. 사실 암컷은 며칠 동안 레드러프가 북소리를 내는 것을 지켜보고 있었다. 암컷은 레드러프가 더 빨리 자신을 찾아내지 못해서 조금 짜증이 났다. 암컷은 수줍고 우아하게 머리를 숙였다. 레드러프는 마침내 자신의 봄을 찾았다.

오, 그 당시는 밝고 기쁜 나날이었다! 태양은 그렇게 환한 적이 없었다. 소나무는 아주 좋은 냄새가 났다! 그리고 그 대단한 고상한 새는 매일 자신의 통나무로 왔는데 때로는 암컷과 함께였고 때로는 레드러프 혼자 꽤 외롭게 있었다. 레드러프는 기뻐서 북소리를 냈다! 왜 레드러프는 때때로 혼자였을까? 왜 암컷이 항상 레드러프와 같이 오지 않았을까?

p.186 암컷의 이름은 브라우니였다. 어느 날 암컷은 절대 오지 않았다. 레드러프는 한쪽 다리로 서서 북소리를 내고, 그 다음에는 반대쪽 다리로 서서 북소리를 냈다. 그럼에도 불구하고 브라우니는 여전히 오지 않았다. 하지만 네 번째 날 레드러프가 크게 브라우니를 불렀을 때 레드러프는 덤불 속에서 나는 소리를 들었다. 그곳에는 레드러프의 브라우니가 그녀를 쫓아다니는 새끼 목도리들꿩 열 마리와 함께 있었다.

레드러프는 브라우니 옆으로 달려갔다. 어떻게 브라우니가 자기보다 새끼들을 더 사랑할 수 있을까? 하지만 레드러프는 곧 변화를 받아들였고 자신의 아비는 자신을 위해 결코 갖고 있지 않았던 애정으로 새끼들을 돌보았다.

VI

목도리들꿩 세계에서 좋은 아비는 드물다. 어미 목도리들꿩은 둥지를 만들고 도움을 받지 않고 새끼를 부화시킨다. 어미는 심지어 아비에게조차 둥지가 있는 곳을 숨기고 북소리 내는 통나무나 먹는 장소나 흙 목욕하는 곳에서만 아비를 만난다.

브라우니의 새끼들이 부화했을 때, 새끼들이 브라우니의 생각 속에 가득 들어찼다. 하지만 사흘째 되는 날, 새끼들이 충분히 튼튼해졌을 때 브라우니는 새끼들을 아비에게 데려갔다.

p.187 어떤 아비들은 자기 새끼들에게 전혀 관심을 가지지 않지만 레드러프는 즉시 브라우니를 도우려고 동참했다. 새끼들은 먹는 것과 마시는 것을 자기 아비가 오래 전에 배웠던 그대로 배웠다. 어미가 길을 안내하고 레드러프가 뒤따라갔다.

바로 다음날 목도리들꿩 가족들이 강으로 함께 갈 때 가장 어린 새끼, 또 다른 런티가 뒤쪽에 있었다. 레드러프는 높은 통나무에서 깃털을 손질하면서 훨씬 뒤에 처져 있었다. 다람쥐가 목도리들꿩 가족을 보고 새끼를 잡아먹기로 결심했다.

다람쥐가 목도리들꿩 가족에게 달려왔다. 브라우니가 다람쥐를 보았을 때는 너무 늦었지만, 레드러프가 다람쥐를 보았다. 레드러프는 다람쥐에게 달려갔다. 레드러프는 날개로 다람쥐의 취약점인 코끝을 찰싹 쳤다. p.188 다람쥐가 땅에서 쓰러졌다. 목도리들꿩은 다람쥐가 거기에 누워 있게 놔두었다. 목도리들꿩들은 다시는 다람쥐를 보지 못했다.

목도리들꿩 가족이 계속 물 쪽으로 갔지만 암소가 모래 위에 깊은 흔적을 남겨 놓았다. 새끼 한 녀석이 그 발자국에 빠져서 나오지를 못했다. 부모들 중 누구도 어떻게 해야 할지 몰랐으나 그 발자국 주위를 걸어 다닐 때, 모래가 구멍으로 떨어지면서 새끼가 올라와 나올 수 있었다.

브라우니는 영리한 어린 어미였다. 브라우니는 몸집은 작았지만 영리했고 새끼들을 잘 돌보았다. 브라우니가 새끼들을 자기 뒤에 이끌고 얼마나 자랑스럽게 숲을 지나다녔던가! 브라우니는 언제든 적들과 싸우거나 적들로부터 날아갈 준비가 되어 있었다.

새끼들이 날 수 있게 되기도 전에 목도리들꿩들은 커디 영감과 만나게 되었다. 6월이었음에도 불구하고 커디 영감은 총을 가지고 나왔다. 레드러프는 개가 브라우니 쪽으로 가는 것을 보았다. 레드러프는 추적 중인 개를 자신의 가족으로부터 멀리 안내했다. p.189 하지만 커디 영감이 목도리들꿩 가족에게 곧장 갔다. 브라우니는 새끼들에게 숨으라고 말했다. 브라우니는 커디 영감을 자기 남편이 개를 이끌었던 것과 똑같이 사람을 멀리 이끌려고 했다. 브라우니는 천천히 커디 영감 가까이로 달려가 커디 영감의 얼굴에 달려들었다. 그리고 나서 떨어져서 날개가 다쳐 죽은 척했다. 처음에는 커디 영감이 속았다.

곧 커디 영감은 브라우니가 속이고 있는 것을 알아챘다. 커디 영감은 브라우니를 때리러 갔다. 브라우니는 펄쩍 뛰어올라 도망쳤다. 커디 영감은 다시 브라우니를 때리려고 했고 브라우니는 다시 물러섰다. 커디 영감은 총을 들고 브라우니를 바로 쏘았다. 브라우니는 산산조각이 났다.

이 끔찍한 사냥꾼은 목도리들꿩 새끼들이 분명 근처에 숨어 있다는 것을 알았으므로 새끼들을 찾는 듯이 보였다. 하지만 아무도 움직이지 않았고 소리도 내지 않았다. 커디 영감은 한 마리도 보지 못했다. 커디 영감은 발로 쿵쿵거리며 걸어 다니기 시작했다. 커디 영감은 새끼 몇 마리를 밟아 뭉갰고 신경도 쓰지 않았다. 레드러프가 이제 자신이 아내를 떠났던 곳으로 돌아왔다. 살인자는 사라졌고 브라우니의 사체를 가지고 갔다. p.190 커디 영감은 브라우니의 사체를 개에게 줄 예정이었다. 레드러프는 피가 묻은 지점과 깃털들을 보았다.

레드러프가 슬퍼했을까? 새들이 항상 깊은 슬픔을 드러내는 것은 아니다. 레드러프는 잠시 동안 혼란스러워하며 빤히 쳐다봤다. 그런 다음 레드러프는 새끼들을 불렀다. 여섯 마리 새끼만이 레드러프를 보러 나왔다. 레드러프는 계속해서 새끼들을 불렀지만, 남은 네 마리는 결코 나타나지 않았다. 레드러프는 새끼들을 데리고 들장미와 철조망이 많은 곳으로 멀리 데리고 갔다.

여기서 목도리들꿩 가족은 아비의 어미가 아비를 훈련했던 그대로 아비에 의해 키워지고 가르침을 받았다. 레드러프는 그 지역을 아주 잘 알고 있어서 여름 동안 한 마리의 새끼도 잃지 않았다. 9월이 올 무렵에 여섯 마리 새끼들은 모두 튼튼하고 건강했다. 레드러프는 브라우니를 잃은 후 여름 동안 북소리 내는 것을 멈추었다. 하지만 목도리들꿩은 북소리를 내려고 산다! 그것은 목도리들꿩들의 노래다. 그래서 9월에 다시 행복해졌을 때 레드러프는 다시 북소리를 내기 시작했다.

p.191 그때부터 레드러프는 새끼들이 주위에 앉아 있는 동안 자주 북소리를 냈다. 새끼들 중에 몇몇은 아비를 따라하려고 애썼다. 검은 포도가 열리고 11월이 왔다. 하지만 레드러프 가족은 튼튼했다. 새끼 중 세 마리는 겨울이 오기 전에 날아가 버렸다.

레드러프는 눈이 내리기 시작했을 때 남아 있는 새끼 세 마리와 함께 살고 있었다. 눈이 조금 내렸고 날씨가 아주 춥지는 않았기 때문에 레드러프 가족은 삼나무 아래에서 살았다. 하지만 다음날 폭풍이 계속되었다. 날은 더 추워졌다. 그래서 레드러프와 그의 가족들은 눈 속에 구멍을 만들었다. 눈은 따뜻한 담요 같았다. 레드러프는 아침에 새끼들을 깨웠다.

다음날 밤에 목도리들꿩들은 즐겁게 다시 침대로 뛰어 들어갔다. 하지만 밤중에 날씨가 바뀌었다. 눈이 내리는 대신에 비가 왔다. 온 세상이 얼음으로 변했다. p.192 일어났을 때 목도리들꿩 가족은 얼음 아래에 봉인되었다. 레드러프는 얼음을 깨뜨리려고 노력했다. 하지만 그는 지쳤고 부리와 머리를 다쳤다. 레드러프는 발버둥치는 가족들의 외침을 들었고 계속 얼음을 부수려고 애썼다.

많은 적들에게 숨겨진 셈이지만 굶주림한테는 아니었다. 밤이 내렸을 때 그들은 조용했고 무척 배가 고팠다. 목도리들꿩들은 처음에는 여우가 올까 봐 두려워했었다. 이제 그들은 여우가 와서 자신들을 풀어 주기를 바랐다.

하지만 실제로 여우가 왔다면 목도리들꿩들은 여우가 지나갈 때까지 움직이지 않았을 것이다. 둘째 날, 바람이 심하게 불었다. 새들 위에 있는 얼음은 더 얇아졌다. 레드러프는 계속 쪼았지만 도망칠 수가 없었다.

다른 날처럼 밤이 지나갔다. 아침에 레드러프는 다시 쪼았다. 낮 동안 바람이 다시 불었다. 해가 지기 바로 직전에 레드러프는 머리가 나갈 구멍을 만들었다. p.193 레드러프는 아래에서 구멍을 밀었고 몸 전체가 자유로워졌다.

레드러프의 새끼들은 어떻게 되었을까? 레드러프는 재빨리 기운이 날 먹이를 모았다. 레드러프는 다시 불렀지만 한 마리의 대답만 왔다. 레드러프는 눈을 쪼아 뚫었고 그의 새끼 그레이테일은 약한 힘으로 구멍에서 기어나왔다. 다른 새끼들은 대답하지 않았고, 레드러프는 그들이 어디에 있는지 알지 못했다. 레드러프는 새끼들을 떠나야 했다. 봄에 눈이 녹았을 때는 새끼들의 뼈만 남아 있었다.

Ⅶ

레드러프와 그레이테일이 회복하는 데는 오랜 시간이 걸렸다. 한겨울 날씨가 아주 화창한 날에 레드러프는 통나무 위에서 북소리를 내려 갔다. 커디 영감이 북소리를 듣고 개와 총을 가지고 왔다. 커디 영감은 그 새들을 알았다. p.194 이 목도리들꿩들은 유명했고 많은 사냥꾼들이 아름다운 레드러프를 죽이려고 했다. 하지만 레드러프는 어디에 숨고, 언제 조용히 날고, 언제 사냥꾼들을 혼란시키기 위해 천둥소리를 내야 하는지 확실히 알고 있었다.

하지만 커디 영감은 총을 가지고 따라다니는 것을 멈추지 않았다. 커디 영감은 언제나 실패했고 레드러프는 계속 살아서 북소리를 냈다. 1월에 레드러프는 그레이테일과 캐슬 프랭크 숲으로 옮겨 갔는데, 그곳에는 먹을 것이 많았다. 훌륭한 소나무가 한 그루 있었다. 이 나무는 다른 나무보다 6피트나 더 높았다. 여름 동안 큰어치 두 마리가 그곳에서 살았다. 누구도 이 나무 꼭대기에는 총을 쏘아 맞출 수 없었다. 봄에는 큰어치가 짝에게 노래를 해 주었다.

레드러프는 이 멋진 소나무에 특별한 관심이 있었다. 나무 둥치에서 레드러프와 그레이테일은 검은 도토리를 파낼 수 있었다. 사냥꾼이 이 나무에 오면 꼭대기로 씽씽 소리를 내며 올라가는 것은 쉬웠다. 여러 번 그 소나무가 가을에 목도리들꿩들의 목숨을 구했다. p.195 그래서 목도리들꿩들을 알고 있는 커디 영감은 여기에 새로운 덫을 놓았다. 커디 영감은 숨어서 자기 개가 목도리들꿩들을 쫓으러 갈 때 새들을 지켜보았다.

그레이테일은 갑자기 황구가 오고 있는 것을 보았다. 레드러프는 더 멀리 가서 개를 볼 수가 없었다.

"끼륵 끼륵! (날아요, 날아요!)" 그레이테일은 언덕을 달려 내려가며 소리쳤다.

"끼르륵 끼르륵! (이쪽으로 숨어!)" 더 침착한 레드러프가 소리쳤다. 왜냐하면 레드러프는 이제 총을 든 남자가 오고 있는 것을 보았기 때문이었다. 레드러프는 커다란 나무 몸통에 올라가서 그레이테일에게 소리쳤다. 그레이테일은 개가 그녀에게 달려들었을 때 두려움으로 떨며 울었다. 그레이테일은 사냥꾼을 피해 날아 개가 있는 쪽으로 날아올랐다.

씽씽 소리를 내며 아름답고 품위 있는 새 한 마리가 날아올랐다.

p.196 빵 소리가 나고 그레이테일이 떨어졌다. 그레이테일의 피가 눈을 빨갛게 물들였다.

레드러프가 날아오르기에 안전한 방법은 없었다. 레드러프는 낮게 몸을 숨겼다. 개가 레드러프에게 10피트 내로 다가왔고 커디 영감이 5피트 거리에서 지나갔지만, 레드러프는 결코 움직이지 않았다. 마침내 레드러프가 나무 뒤로 미끄러질 기회가 생겼고 안전하게 날아올랐다.

한 마리씩 한 마리씩 끔찍할 정도로 잔인한 사냥꾼이 레드러프의 사랑하는 가족들을 죽였고, 이제 레드러프는 혼자가 되었다. 1월이 지나갔다. 레드러프는 매일 달아나야 했다. 결국 레드러프는 숲에서 유일하게 살아남은 목도리들꿩이 되었다.

커디 영감은 새로운 계획을 세웠다. 레드러프가 먹이 먹는 장소 가까이에 커디 영감은 한 다발의 덫을 놓았다. 오랜 친구인 토끼가 이들 중 몇 개를 날카로운 이빨로 잘랐지만 여전히 몇 개는 남아 있었다. 레드러프가 덫 중 하나에 발을 디뎠을 때 그는 멀리 있는 매를 보고 있던 중이었다. 레드러프의 발은 덫에 잡혔다.

p.197 야생동물에게는 도덕적 권리나 법적 권리가 없는 것일까? 단지 다른 생명체가 자기네 언어를 말하지 못하기 때문에 인간이 또 다른 생명체에게 그토록 심한 고통을 초래할 어떤 권리를 가지고 있는 것인가? 그날 내내 점점 증가하는 고통을 겪으며 불쌍한 레드러프는 빠져나오려고 속수무책으로 안간힘을 쓰며 증가하는 튼튼한 날개를 퍼덕였다. 밤낮으로 레드러프는 심한 고통을 당했다. 레드러프는 죽기를 간절히 바랐다. 그러나 아무도 오지 않았다. 레드러프는 또 하루를 꼬박 죽음을 기다리며 그곳에

매달려 있었다. 마침내 커다란 올빼미가 레드러프의 소리를 듣고 친절하게 레드러프를 죽였다.

북쪽의 계곡에서 바람이 불어왔다. 눈보라가 유명한 무지개 깃털에 불어왔다. 그리고 그것들은 그날 밤 겨울바람을 타고 멀리 멀리 남쪽으로 날아갔고 어두운 호수를 건넜다. 깃털들은 바람을 타고 날아갔고 마침내 계곡에 있던 마지막 목도리들꿩의 마지막 깃털들이 계곡에서 사라졌다.

p.198 이제 목도리들꿩은 캐슬 프랭크에 오지 않는다. 그곳의 새들은 봄의 북소리를 그리워하고 오래된 통나무는 썩어 없어졌다.